¡EL PLAN DEL MAESTRO!

Lecciones Sobre la Vida de Moisés

ESCRITO POR
PASTOR FRED KASULE

SHABAR PUBLICATIONS
www.shabarpublications.com

La mayoría de los productos de Shabar Publications están disponibles con descuentos especiales por cantidad para compras al por mayor para promociones de ventas, recaudación de fondos y necesidades educativas. Para obtener más información, escriba a Shabar Publications a mayorga1126@gmail.com.

¡El Plan del Maestro! *Lecciones Sobre la Vida de Moisés*
Escrito por Pastor Fred Kasule

Publicado por Publicaciones Shabar
3833 N. Taylor Rd.
Palmhurst, Texas 78573
www.shabarpublications.com

A menos que se indique lo contrario, todas las citas de las Escrituras son de la Biblia Amplificada, publicada en 1965 por la Fundación Lockman y Zondervan.

Otra traducción utilizada es la versión Nueva Version Internacional. Publicada por Biblica, la completa Nueva Version Internacional fue publicada en October 27, 1978 con menores revisiones en 1984 y mayores revisiones en 2011. Usado con permiso.

ISBN 978-1-955433-39-6

Índice

Prefacio

Desde que Dios llamó al hombre a su servicio, el Señor siempre ha buscado una respuesta específica. Esta respuesta suele ser un simple sí o no. Si un hombre o una mujer acepta obedecer la voz del Señor, las instrucciones serán prácticas y desafiantes; sin embargo, sin fe y disciplina, ese siervo encontrará imposible agradar a Dios. Como enseñan las Escrituras a quienes desean agradar a Dios: **«Pero sin fe es imposible agradarle, porque es necesario que el que se acerca a Dios crea que él existe y que recompensa a quienes lo buscan con diligencia»** (Hebreos 11:6).

Para ser un siervo que habla y enseña las revelaciones de Dios, un hombre debe caminar en el ámbito de la revelación del Señor. Creo que este autor es uno de ellos. El pastor Fred Kasule es uno de los hombres más llenos del Espíritu de Dios que he tenido el privilegio de conocer.

Después de pasar tiempo con Dios en la intimidad, el Maestro recompensó a mi querido amigo, el pastor Fred Kasule, con las notas de este manuscrito. Este libro proviene del Señor y merece ser aceptado por todos.

Al repasar la vida de Moisés, el Espíritu del Señor ha infundido en su siervo una frescura que ha dado origen a este libro transformador. El pastor Fred Kasule, como siempre, realiza una obra magistral al extraer la esencia de la revelación de las Escrituras y presenta al siervo sediento de Jesús verdades relevantes y actuales que, si se ponen en práctica, sin duda inspirarán e impactarán a cualquier generación.

Desde el nacimiento hasta el llamado de Moisés, el pastor Fred Kasule ha puesto de manifiesto principios prácticos y enriquecedores que, si se siguen, garantizarán el éxito en cualquier ámbito.

Si hoy te preguntas cómo puedes entrar en el plan de Dios para tu vida y perseverar en medio de la adversidad, medita en las notas escritas en este libro. Es una guía para aquel hombre o mujer que lleva en su interior un fuego inextinguible y una pasión por vivir para Jesús como si no hubiera un mañana.

- David Mayorga, *Director*
Ministerios Masterbuilder
McAllen, Texas

Introducción

¿Qué te alegra o te entristece? ¿Qué te rompe el corazón o te llena de alegría?

Sin importar tu ubicación, situación o origen, es hora de levantarte y actuar.

El resto de tu vida puede ser una bendición para tu familia y para quienes te rodean por generaciones.

¿Alguna vez te has preguntado cuál es el plan de Dios para el resto de tu vida?

Como pastor, a menudo me preguntan cómo conocer el plan de Dios con precisión y si Él tiene un plan específico para la vida de cada persona.

Puede ser difícil saber qué camino tomar en la vida. Muchos han orado pidiendo guía, pero aún no han recibido una respuesta clara e inmediata. Esto nos lleva a la pregunta: ¿Cuál es el plan de Dios para mí?

Jueces 13:12 dice: «**Entonces Manoa le preguntó: "Cuando se cumplan tus palabras, ¿cuál será la norma que regirá la vida y la obra del niño?"**»

A una pareja estéril se le prometió un hijo, y el versículo anterior es la oración que Manoa le hizo a Dios antes del nacimiento de Sansón.

¿Qué pasaría si, al nacer, viniéramos con un manual de instrucciones escrito por Dios?

Un manual que describe dónde debemos vivir, a qué escuelas debemos asistir, qué carreras debemos seguir y qué debemos hacer para cumplir Su plan para nuestras vidas.

A veces, puede ser difícil comprender lo que Dios quiere para nosotros entre el ruido del mundo y las exigencias de todas las obligaciones que nos abruman. La verdad es que Dios sabe lo que quiere para cada uno de nosotros, independientemente de nuestra situación actual. Él ya tiene el plan para nuestras vidas.

Su plan para tu vida fue diseñado antes de que nacieras. (Jeremías 1:5-9, Salmo 139, Efesios 2:10)

Capítulo 1

¡Nacido En El Momento Justo!

"En aquel tiempo nació Moisés." (Hechos 7:20)

Al leer y meditar sobre la vida de Moisés, los siguientes principios se me hicieron claros: que, si se aplican, Dios puede transformar la vida de cualquiera en una maravilla para Su gloria. Dios tiene el momento perfecto, nunca llega temprano ni tarde. Tú naciste en el momento justo.

Cuando pensamos en Moisés, puede ser difícil identificarnos con su vida si nos centramos en la zarza ardiente, las plagas y la división del mar. Sin embargo, cuando recordamos que era imperfecto, al igual que nosotros, y que necesitaba la guía y la fuerza de Dios, resulta más fácil ver los principios y las lecciones que podemos aprender de él y aplicar a nuestras vidas para maximizar nuestro potencial y servir a nuestra generación.

Un principio es una regla, creencia o idea que te guía.

Antes de hablar de esos principios, veamos brevemente la vida de Moisés. Hechos 7:20 dice: **"En aquel tiempo nació Moisés, y no era un niño cualquiera. Durante tres meses fue cuidado por su familia".**

Moisés nació cuando los niños hebreos estaban siendo asesinados por sus opresores, en ese entonces esclavizados por el faraón de Egipto.

Los padres de Moisés lo pusieron en una cesta y lo dejaron en el río, confiando en que Dios lo protegería. Por intervención divina, fue adoptado por la hija del faraón. Después de pasar 40 años en el palacio, tuvo que tomar decisiones de fe que moldearon su vida. En el camino, cometió errores, como matar a un egipcio, lo que lo obligó a huir de Egipto. (Éxodo 2:1-15)

Mientras estaba en la tierra de Madián, Moisés se casó y se convirtió en pastor, y allí Dios se le apareció en forma de una zarza ardiente. Su encuentro con Dios transformó su vida y le dio un nuevo rumbo. Regresó y envió plagas a los esclavizadores antes de rescatar al pueblo de Dios. Aunque no fue un hombre perfecto, llevó una vida de la que podemos aprender.

Hebreos 11:24-26: «**Por la fe, Moisés, cuando ya era adulto, rehusó ser llamado hijo de la hija del faraón, prefiriendo ser maltratado con el pueblo de Dios antes que gozar de los placeres pasajeros del pecado. Consideró el oprobio de Cristo como mayor riqueza que los tesoros de Egipto, porque tenía puesta la mirada en la recompensa**».

Inspiración de la vida de Moisés:

Dios te conoce por tu nombre (Éxodo 3:1-4). Él conoce tu pasado, tu ubicación y tu situación.

Naciste en y para esta generación. Cada encuentro con Dios exige una respuesta de tu parte. La primera respuesta de Moisés fue poner excusas.

Los resultados no llegarán fácilmente. (Éxodo 5:1-2). Después de que se reunió con Dios y se enfrentó al faraón, el dictador no cedió de inmediato. Esto significa que debes ser persistente en hacer lo correcto.

Quédate a solas con Dios. (Éxodo 3:1-4). Moisés a menudo se apartaba para orar y escuchar a Dios.

Debemos creer. (Éxodo 4:10-17). Moisés intentó excusarse para no cumplir con el llamado de Dios en su vida. Independientemente de tus limitaciones, Dios no te abandonará en tu llamado.

Busca ayuda. (Éxodo 18:13-14). Moisés no era solo un profeta. Era un líder, un legislador, un comandante militar, un juez, un líder espiritual y mucho más. Pero necesitaba ayuda, y su suegro Jetro lo animó a buscarla.

Para vivir una vida significativa, necesitarás ayuda. Es tu responsabilidad discernir quiénes son tus ayudantes. Dios todavía ayuda a las personas a través de otras personas. No necesitas saber mucho sobre la Biblia para saber que Moisés fue una figura clave en el plan de Dios. Sin embargo, llegó un momento en que Moisés necesitó ayuda.

En Éxodo 17, vemos a dos hombres sosteniendo los brazos cansados de un hombre cuyas fuerzas se habían agotado.

En esa historia, los israelitas habían sido atacados y se enfrentaron en batalla con sus atacantes. Moisés se paró en la cima de la colina y levantó su bastón en el aire.

Este plan de batalla debió haber sido una revelación, y funcionó. Las revelaciones cambian las situaciones.

Si Moisés mantenía el bastón en alto, Israel tenía la ventaja. Pero tan pronto como bajaba los brazos para descansar, la ventaja pasaba al enemigo.

Si alguna vez has tenido que mantener los brazos en alto durante un tiempo, sabes que se cansan rápidamente, incluso con las manos vacías.

Haz un pequeño experimento: toma algo que tengas cerca y ponte de pie, sosteniéndolo por encima de tu cabeza el mayor tiempo posible.

Probablemente ni siquiera lo intentaste, pero no se necesita mucho tiempo para que el peso te agote hasta el punto de que no puedas más.

Afortunadamente para Moisés, sus dos compañeros se dieron cuenta de que necesitaba ayuda.

"Los brazos de Moisés se cansaron tanto que ya no podía sostenerlos en alto. Entonces, Aarón y Hur le buscaron una piedra para que se sentara. Luego se colocaron a cada lado de Moisés, sosteniendo sus manos. Así, sus manos se mantuvieron firmes hasta la puesta del sol. Como resultado, Josué derrotó al ejército de Amalec en la batalla." (Éxodo 17:12-13)

NECESITAS AYUDA:

Para vivir una vida plena, necesitarás ayuda.

Hay muchas lecciones en esta historia que siguen siendo relevantes para ti y para mí hoy.

Incluso alguien tan grande como Moisés necesitó la ayuda de otros. Siempre es el trabajo en equipo lo que trae la victoria.

Fue su hermana Miriam quien sugirió a la hija del faraón que buscara a una mujer para que cuidara del bebé Moisés. (Éxodo 2:7-9)

Estás vivo hoy porque Dios ha usado a varias personas para ayudarte a cumplir Sus propósitos. Dios puso personas en la vida de Moisés en este momento crucial que pudieron ayudarlo en su momento de necesidad.

Dios no solo nos proporciona personas que nos ayuden, sino que también nos coloca a cada uno de nosotros en posiciones para ayudar a otros. Los papeles de apoyo en el reino de Dios son tan importantes como los papeles principales.

No todos están llamados a ser Moisés, pero todos podemos ser Miriam, Aarón o Hur. ¿A quién estás apoyando?

Habrá momentos en que enfrentemos una carga demasiado pesada para soportarla solos. Dios puede ayudarnos a superar cualquier situación, pero debemos cooperar con Su provisión, que a menudo se manifiesta a través de otras personas.

Aarón y Hur reconocieron la necesidad y respondieron. La ayuda solo es efectiva si se acepta.

Rechazar la ayuda necesaria indica orgullo en nuestras vidas, algo que debemos confesar y corregir. Aarón y Hur ayudaron a Moisés durante toda la batalla sin descansar ni quejarse.

Al pensar en Moisés, podemos recordar otro ejemplo de dos brazos que se cansaron por el peso que llevaban: los brazos de Jesús, cuyas manos fueron clavadas a la cruz.

Brazos y manos que cargaron con todo el peso de nuestros pecados. Un peso que solo Él podía soportar. Porque solo Él nos salvó, ya que nosotros no podíamos salvarnos a nosotros mismos. Gracias a Su sacrificio, ahora cada uno de nosotros debe levantar sus manos en alabanza a Su nombre.

Su victoria se convirtió en nuestra cuando lo aceptamos como Salvador y Señor.

"Dios estaba con Moisés." (Éxodo 15:1-21).

Este pasaje de las Escrituras es un cántico de alabanza por todo lo que Dios hizo. Moisés y su hermana Miriam lo cantaron para agradecerle por todo lo que había hecho. Dios guió y luchó por su pueblo, y hará lo mismo por quienes creen en Él.

Capítulo 2

El Principio de Moises:
Plan Maestro, Obediencia, Sacrificio, Empoderamiento, Éxito y Administración Responsable.

Aunque la sociedad nos presiona para que tengamos éxito y alcancemos ciertos estándares que el mundo nos impone, a través del llamado de Dios en nuestras vidas, podemos ser lo que Él desea para nosotros.

La Biblia habla del plan y propósito de Dios para nosotros y nos muestra prácticamente cómo vivir de acuerdo con Su propósito. La calidad de tu vida es tu prioridad principal, pero solo depende de ti convertirla en un camino con propósito de fe en Dios. Debes construir un estilo de vida basado en la fe en Dios para disfrutar plenamente de la vida.

¿Te sientes a menudo frustrado en ciertas áreas de tu vida?

¿Te despiertas cada día con el mismo ciclo doloroso y repetitivo que parece no tener fin? ¿Ha disminuido la calidad de tu vida con el tiempo, en particular en ciertas áreas, lo que ha resultado en una pérdida de energía, vitalidad y entusiasmo por el futuro?

La vida puede ser abrumadora, incluso para quienes saben lo que Dios quiere que sean y hagan con sus vidas. Los momentos difíciles pueden parecer insoportables si no comprendemos hacia dónde se dirigen nuestras vidas y por qué.

Generalmente, la ignorancia del propósito, especialmente durante las pruebas, lleva a muchos a desperdiciar o malgastar sus vidas y oportunidades.

Debemos centrarnos en conocer a Dios, a nosotros mismos, a nuestro enemigo y nuestro lugar en el plan de Dios.

Mantente enfocado en lo correcto cada día y evita aquello que te desanime. Sé la mejor versión de ti mismo a diario y nunca dejes de crecer.

Fue el sacrificio de Moisés, al renunciar a los placeres del palacio, lo que nos sigue bendiciendo hasta la eternidad.

Hebreos 6:12: **"No queremos que se vuelvan perezosos, sino que imiten a aquellos que por medio de la fe y la paciencia heredan lo que ha sido prometido."**

El versículo anterior habla de cómo quienes nos precedieron obtuvieron las promesas mediante la fe y la paciencia. Se nos anima a imitarlos. Imitar significa tomar o seguir como modelo.

Los padres de Moisés se enfrentaron a un dilema cuando él tenía solo tres meses. El faraón había ordenado que todo varón hebreo fuera asesinado al nacer o arrojado al río. Sus padres solo pudieron esconderlo durante tres meses.

"Pero cuando ya no pudo esconderlo más, tomó una cesta de papiro, la untó con betún y brea, puso al niño dentro y la colocó entre los juncos a la orilla del Nilo." (Éxodo 2:3)

Como lectores de la Biblia, tenemos la dicha de conocer el final de la historia. Aprendemos cómo Moisés pasó cuarenta años en el palacio del mismo gobernante que quería matarlo y cómo se convirtió en líder, libertador, legislador, profeta, cantor, intercesor, militar, pero sobre todo, amigo de Dios.

Para que Moisés llegara a ser quien fue, intervinieron la providencia de Dios y sus decisiones basadas en la fe.

La Biblia elogia la fe de los padres de Moisés y sus propias decisiones de fe.

LA FE POSEE VALORES SUPERIORES. (Hebreos 11:24-26)

La generación de Moisés vivió bajo el desfavor de Egipto.

Lo que comenzó como una relación armoniosa entre los reyes de Egipto y la familia de Jacob se convirtió en una amarga envidia contra el pueblo de Dios.

Moisés era un hebreo que vivía dentro de la estructura de poder egipcia. Al igual que Moisés, Dios ha preservado tu vida porque tienes un lugar en Su plan maestro para esta generación. Eres responsable de tomar decisiones de fe; búscalo, desarrolla tus dones y úsalos para ayudar a los demás.

Cuando Moisés creció, se negó a ser llamado hijo de la hija del faraón. Negarse es una palabra que indica una elección específica, un momento probablemente respaldado por mucha deliberación y reflexión.

Con premeditación, Moisés llegó al punto de decisión en el que se separó de la familia del faraón.

Un historiador judío, Josefo, describió con precisión la vida secular de Moisés. Dijo que Moisés era el príncipe heredero del faraón, un poderoso general que había ganado importantes batallas para Egipto.

Moisés era un héroe.

Crecer como nieto del faraón en los días de mayor esplendor de Egipto habría tenido grandes ventajas, pero decidió renunciar a todo.

Moisés conocía su identidad y, como hebreo, eligió **"ser maltratado con el pueblo de Dios"**.

Si hubiéramos estado allí, quizás habríamos intentado disuadirlo, pero Moisés tomó la decisión correcta.

Hoy, la eternidad se regocija por su vida. Nosotros también.

Persiguió aquello que entristecía su corazón y quiso ser la solución. Llegó un momento en que comenzó a ver la vida de manera diferente. Consideró la vergüenza o el oprobio de Cristo como una riqueza mayor que todos los tesoros de Egipto. ¡Qué manera de ver la vida!

En todo esto, Moisés **"tenía puesta la mirada en la recompensa"**, y Dios se la concedió.

Primero, tuvo un asiento en primera fila para presenciar la obra de Dios en la tierra. Segundo, recibió un legado increíble; se convirtió en instrumento de Dios. Tercero, alcanzó la eternidad con Dios. Cuarto, entabló una amistad con Dios. Quinto, fue parte del equipo ganador de Dios, para que Israel superara la opresión de Egipto mediante el poder de Dios.

La fe siempre reconfigurará nuestro sistema de valores.

La fe nos permite evitar las formas deshonestas de obtener ingresos y obtener la aprobación de Dios en nuestro trabajo. Nos ayuda a valorar nuestra integridad por encima de la deshonestidad. Nos fortalece para resistir los deseos sexuales que Dios prohíbe, en favor de su recompensa eterna.

La sociedad nos hace creer continuamente que el entretenimiento que consumimos, los títulos que obtenemos o los amigos que hacemos son todo lo que hay en la vida.

Moisés tomó la difícil decisión y entregó su vida para seguir el plan y el propósito de Dios.

La fe que demostró Moisés es de gran ayuda para nosotros como creyentes. Defender a Cristo y su palabra te acarreará dificultades, pero vale la pena soportar la vergüenza si consideramos la recompensa.

Un día, después de que le permitas reordenar tu sistema de valores y vivas de acuerdo con ello, Él te dirá: «**Bien hecho, siervo bueno y fiel, entra en el gozo de tu Señor**» [véase Mateo 25:21].

Recuerda siempre:

1. Dios tiene un plan maestro para cada persona y puede y usará a cual quiera que crea en Él. (Éxodo 2:1-3; Hebreos 11:23). Naciste en esta generación y para esta generación. (Hechos 7:20). Debes confiar en Dios, sin importar cuán desesperada parezca la situación.

2. Dios puede usarte, sin importar de dónde vengas. (Éxodo 2:4-10). Dios transformó a Moisés, quien pasó de ser un humilde siervo a un príncipe.

3. Incluso aquellos llamados por Dios cometerán errores. (Éxodo 2:11-12, Números 20:8). Moisés reaccionó con ira matando a un egipcio cuando intentó defender a un israelita.

4. Acepta tu llamado. (Éxodo 3:4-10). Moisés inicialmente dudó, poniendo excusas y planteando interrogantes. Finalmente, aceptó su llamado y confió en Dios.

5. El arrepentimiento trae restauración, sin importar cuán graves sean tus pecados. (Éxodo 2:13-14).

6. Dios puede usarte cuando lo priorizas por encima de tus placeres. (Éxodo 2:15; Marcos 8:34; Filipenses 3:7). ¿Valoras a Dios más que a tus riquezas y logros mundanos?

7. Dios puede usarte cuando vives en el mundo, pero no cuando eres del mundo. (Éxodo 2:16-22).

8. Dios te busca para que liberes a otros que aún están en esclavitud. (Éxodo 2:23-25). La palabra recordar significa que Dios dirigió Su atención hacia ellos cuando su cautiverio de 400 años, predicho anteriormente, estaba llegando a su fin.

9. Ten fe. (Éxodo 14:13-26). Cuando los israelitas parecían estar atrapados entre el Mar Rojo y el ejército egipcio que los perseguía, Moisés tuvo fe y les dijo que se mantuvieran firmes y vieran cómo Dios los salvaría. Al enfrentar luchas y nuestras propias en los momentos difíciles, que nuestra fe en Dios nos dé la seguridad de que Él nos librará.

10. Mantente humilde. (Números 12:3). Debemos permanecer humildes ante Dios y ante los demás, incluso cuando ocupamos posiciones de poder e influencia.

11. No intentes hacerlo todo solo. (Éxodo 18:13). Moisés «escuchó a su suegro e hizo todo lo que le dijo» (versículo 24).

12. Busca la voluntad de Dios. (Números 21:6-9). Cuando el pueblo reconoció que había pecado, Moisés oró para conocer la voluntad de Dios. Después, Dios le ordenó a Moisés que hiciera una serpiente de bronce y la pusiera sobre un poste. Entonces, cuando alguien era mordido por una serpiente y miraba la serpiente de bronce, sanaba.

Lo que debemos hacer en circunstancias difíciles no siempre es obvio, pero debemos recordar buscar la voluntad de Dios para encontrar una solución. Puede que sus instrucciones no siempre nos parezcan lógicas, pero los milagros siempre ocurren cuando seguimos sus indicaciones con fe.

Un Dios con Propósito Exige Que Vivamos Nuestras Vidas con Propósito.

Dios siempre tiene un propósito en el lugar donde nos encontramos.

Puede que te guste o no el lugar donde estás, pero Dios lo sabe y puede convertir un día ordinario de tu vida en uno extraordinario. Puede transformar un día de calamidad en un día de celebración en un instante.

Eso fue lo que sucedió cuando, de repente, una princesa apareció justo a tiempo, y a través de una serie de acontecimientos, la madre de Moisés recibió un pago del palacio para criar a Moisés.

Creo que Dios les dio a los padres otra oportunidad para inculcarle la fe y los valores divinos a Moisés.

"Moisés fue educado en toda la sabiduría de los egipcios y era poderoso en palabra y en obra. Cuando Moisés tenía cuarenta años, decidió visitar a su propio pueblo, los israelitas. Vio que uno de ellos estaba siendo maltratado por un egipcio, así que salió en su defensa y lo vengó matando al egipcio." (Hechos 7:22-24)

Del texto anterior, podemos concluir que Dios usará nuestro camino para prepararnos para el propósito de su Reino.

Vivir intencionalmente significa tomar decisiones deliberadas y con propósito. Significa pensar en el futuro y tomar decisiones basadas en nuestros valores, creencias y metas personales.

Dios tenía un plan para ti y te eligió. (Efesios 1:4-5, 13)

Dios usa el Espíritu Santo para edificar nuestras vidas, permitiéndonos funcionar en el mundo en que vivimos hoy para su gloria. Él te creó para buenas obras. (Efesios 2:10).

Así es como debemos vivir nuestras vidas intencionalmente:

- Vivan de una manera digna del llamamiento que han recibido. (Efesios 4:1). Pablo pasa de la fe a la conducta.

- Renuévense en el espíritu de su mente. Nuestra mente, nuestro corazón, nuestras acciones, nuestros pensamientos, nuestras emociones y nuestro comportamiento pueden estar bajo la autoridad del Espíritu Santo o bajo nuestro propio control.

- Trabajen con sus propias manos. (Efesios 4:28)

- Aprovechen bien el tiempo (Efesios 5:16). El tiempo es valioso. Hoy en día, ocupamos nuestro tiempo con muchas distracciones y no lo usamos de manera provechosa, como Dios nos lo ha dado. Tenemos alrededor de 27.000 días en este planeta (Salmo 90:12). Nada es más valioso que usar el tiempo para llevar a alguien a Cristo.

- Sean llenos del Espíritu (Efesios 5:18). Hay poder cuando con humildad pedimos al Espíritu de Dios que nos guíe en cómo vivir nuestras vidas cada día.

- Trabajen como para el Señor (Efesios 6:7). En definitiva, lo que hacemos para Dios es lo que importa.

Capítulo 3

El Plan Maestro de Dios

«Porque somos obra maestra de Dios. Él nos ha creado de nuevo en Cristo Jesús, para que podamos hacer las buenas obras que planeó para nosotros desde hace mucho tiempo.» (Efesios 2:10 NTV)

«No, no nos creamos ni nos salvamos a nosotros mismos. Dios hace ambas cosas: nos crea y nos salva. Él crea a cada uno de nosotros por medio de Cristo Jesús para que nos unamos a Él en la obra que realiza, la buena obra que ha preparado para que la hagamos, una obra que haríamos bien en realizar. Una obra maestra es una obra hecha con extraordinaria habilidad. Según el texto anterior, llevas la huella de sus manos.» (Efesios 2:10 MSG)

Gran parte de lo que Dios creó fue mediante la palabra hablada. Pero Él te formó con sus manos e infundió en ti su vida. Así de especiales somos tú y yo ante El.

Dios tiene un plan maestro para el mundo y quiere que tú formes parte de él. Eso es lo que significa cuando hablamos de propósito.

Dios te formó para poder deleitarse en ti como su regalo para tu generación.

«Porque yo sé los pensamientos que tengo acerca de vosotros, dice Jehová, pensamientos de paz y no de mal, para daros el fin que esperáis.» (Jeremías 29:11)

Según la escritura anterior, los pensamientos de Dios hacia nosotros son de bien y no de mal.

Sea cual sea la situación, sus planes para ti se cumplirán si obedeces Su palabra.

Desde una perspectiva humana, a menudo nos preocupamos por lo que nos depara el futuro, pero la preocupación siempre es señal de incredulidad. Cuando te sientas abrumado, habla con tu alma: «**Bendice, alma mía, a Jehová, y no olvides ninguno de sus beneficios.**» (Salmo 103:1-5).

Cuando permites que Satanás te silencie, te abres a la depresión.

DIOS TIENE UN PLAN MAESTRO PARA EL MUNDO:

El plan maestro de Dios es llenar la tierra con Su gloria, y Él quiere hacerlo a través de ti. «**Pero tan cierto como que yo vivo, toda la tierra será llena de la gloria del SEÑOR**» (Números 14:21).

Aquí, Dios le habla a Moisés sobre Su plan para la tierra; un día, toda la tierra estará llena de Su gloria. «**Porque la tierra será llena del conocimiento de la gloria del SEÑOR, como las aguas cubren el mar**» (Habacuc 2:14).

Dios planea usarnos a ti y a mí para cumplir Su plan en la tierra. Por eso es importante que sepamos cuál es nuestro lugar en Su plan y usemos nuestras esferas de influencia de acuerdo con ello.

Dios le ha dado a cada persona un conjunto único de habilidades y pasiones.

Depende de cada uno de nosotros descubrir cuáles son y usarlas, no solo para nuestro beneficio, sino también para el beneficio de quienes nos rodean.

Eres libre de vivir tu vida de la manera que mejor te parezca para honrar a Dios.

Dios tiene un plan para ti, pero en lugar de esperar un llamado específico, identifica tus pasiones y úsalas para Su gloria.

Tienes libertad en Su plan, y la Palabra de Dios te da pautas y límites.

Maneras de seguir el plan de Dios para tu vida:

Como lector de la Biblia, sabes que estás familiarizado con Jeremías 29:11, pero veamos otros versículos clave de la Biblia sobre el plan de Dios para nuestras vidas.

Jesús resumió los mandamientos de Dios para nosotros: amar a Dios y amar al prójimo. (Mateo 22:37-40)

Dios planea que cada persona venga a Él, lo conozca y camine con Él. (2 Pedro 3:9, Gálatas 5:16)

El plan de Dios es que hagas buenas obras con los dones que Él te ha dado. (Efesios 2:10)

Cosas específicas que puedes saber sobre el plan de Dios para todos:

(1) El plan de Dios es que su pueblo se reúna con Él. Ese es el mensaje central de la Biblia. El plan de Dios para ti se centra en que los perdidos sean encontrados.
-¿Cómo estás usando tu influencia y tus recursos para ganar a los perdidos?

(2) El plan de Dios es que nuestras necesidades básicas sean satisfechas.
-Todo buen padre quiere que sus hijos tengan lo que necesitan.

(3) El plan de Dios es que mostremos su amor a quienes nos rodean.
-Esto se logra a través de nuestras oraciones, palabras y acciones. Mostramos Su amor alimentando a los hambrientos, vistiendo a los desnudos y proveyendo para quienes lo necesitan.

PARA ENCAJAR EN SU PLAN, SE REQUIERE:

1. CAMINAR CON DIOS: Esto significa dedicar tiempo cada día a leer Su Palabra, adorar, testificar y librar la batalla espiritual.

2. MORIR AL YO: Nos complacemos con demasiada facilidad con la comida, el poder, el dinero y el sexo. Nuestros deseos siempre nos decepcionarán y nos dejarán con ganas de más. Pero cuando morimos a esos deseos, podemos aferrarnos a algo más grande. (Juan 3:3-7, Mateo 16:24-26)

3. VIVIR EN UNA COMUNIDAD DE FE: Solo puedes entrar plenamente en el propósito y el plan de Dios para tu vida con la ayuda de otros. Busca una comunidad piadosa que te haga responsable y que pueda brindarte consejo sabio.

4. AMAR A QUIENES TE RODEAN: No puedes amar a Dios y odiar a quienes te rodean. (Mateo 22:37-40). Siempre estás en una posición única para impactar a alguien de una manera que nadie más puede.

5. DESARROLLAR UN ESTILO DE VIDA DE ORACIÓN Y AYUNO CONSTANTE. El poder de la oración reside en su constancia hasta que se ven los resultados. Personas como Ana, Elías, la iglesia primitiva y Jesús mismo son grandes ejemplos del poder de la oración constante (Lucas 18:1, 1 Tesalonicenses 5:17).

6. SIGUE LOS MANDAMIENTOS QUE ÉL PONE EN TU CORAZÓN. Permite que Dios guíe tus pasos y confía en los sueños que Él pone en tu corazón. **«Reconócelo en todos tus caminos, y él enderezará tus sendas».** (Proverbios 3:6)

7. OBEDECE LA VERDAD: Él caminará a tu lado y te ayudará en tus debilidades mientras caminas en obediencia. **«Si queréis y obedecéis, comeréis lo mejor de la tierra; pero si os negáis y os rebeláis, seréis devorados por la espada».** Porque la boca del Señor ha hablado. (Isaías 1:19-20)

Capítulo 4

¡Obediencia!

El siguiente pilar de una vida plena es la obediencia. Juan 14:15 dice: «**Si me aman, obedezcan mis mandamientos**».

Tanto en griego como en hebreo, significa escuchar con atención, cumplir o someterse.

La obediencia consiste en escuchar la palabra de Dios y actuar en consecuencia.

Nuestra obediencia a Dios a través de Su palabra determina la profundidad de nuestra relación con Él y el nivel de intervención divina en nuestras vidas.

Dios nos llama a desarrollar el hábito de decir «Sí» cada vez que Él habla.

Esto nos permitirá estar atentos a lo que Dios está haciendo ahora y alinearnos con Él.

Este estilo de vida nos da mayor sensibilidad para discernir la voz de Dios.

La obediencia proviene de escuchar atentamente y es prueba de nuestro amor por Dios.

Lucas 6:46 dice: «**¿Por qué me llaman "Señor, Señor", y no hacen lo que les digo?**». Según esta Escritura, es posible llamarlo Señor y sin embargo, vivir una vida de desobediencia.

Las promesas de Dios cuando somos obedientes:

«**Si están dispuestos a obedecer, comerán lo mejor de la tierra; pero si se niegan y se rebelan, serán devorados por la espada; porque la boca**

del Señor lo ha dicho» (Isaías 1:19-20). Según este texto, puedes elegir comer lo mejor de la tierra o ser devorado.

«Ahora bien, si me obedecen fielmente y guardan mi pacto, entonces, de entre todas las naciones, serán mi posesión más preciada. Aunque toda la tierra es mía»(Éxodo 19:5). ¿Con qué se puede comparar en la vida ser una posesión preciada del Dios Todopoderoso?

"Si obedeces completamente al Señor tu Dios y sigues cuidadosamente todos sus mandamientos que te doy hoy, el Señor tu Dios te pondrá por encima de todas las naciones de la tierra. Todas estas bendiciones vendrán sobre ti y te acompañarán si obedeces al Señor tu Dios." (Deuteronomio 28:1-2) Las bendiciones son condicionales, según el texto anterior y hasta el versículo 14.

La obediencia es la clave que abre las bendiciones del Reino.

"Si guardáis mis mandamientos, permaneceréis en mi amor, así como yo he guardado los mandamientos de mi Padre y permanezco en su amor." (Juan 15:10). La obediencia es lo que nos mantiene en su amor, lo cual nos permitirá amar a los demás incondicionalmente.

"Pero el que mira atentamente la ley perfecta que da libertad y persevera en ella, no olvidando lo que ha oído, sino haciéndolo, será bienaventurado en lo que hace." (Santiago 1:25)

Todas estas son promesas increíbles para las personas obedientes, pero Satanás luchará para asegurarse de que no obedezcamos a Dios. Podemos elegir obedecerle o desobedecerle.

LOS BENEFICIOS DE VIVIR EN OBEDIENCIA:

La obediencia trae bendiciones, atrae el favor de Dios y de los hombres, trae sanidad, conduce a la prosperidad, a la liberación, vence el fracaso y trae milagros.

Lea y estudie los siguientes pasajes bíblicos: (Génesis 12:1-3, 39:2-4, 2 Reyes 5:1-14, Job 36:11, Éxodo 14:21-22, Lucas 5:1-10, 1 Reyes 17:8-16)

(1) La obediencia lo convertirá en un canal para los milagros.

(2) A través de la obediencia, conocerá Sus caminos.

(3) La obediencia nos permitirá desarrollar valentía. Tu fe no se mantendrá en el mismo nivel cuando obedeces a Dios. **Simón respondió: «Maestro, hemos trabajado toda la noche y no hemos pescado nada. Pero como tú lo dices, echaré la red». Cuando lo hicieron, pescaron tantos peces que sus redes comenzaron a romperse. Entonces hicieron señas a sus compañeros en la otra barca para que vinieran a ayudarlos, y vinieron y llenaron ambas barcas de tal manera que comenzaron a hundirse.** (Lucas 5:5-7)

Según el texto anterior, la recompensa de su obediencia se ha convertido en un testimonio de aliento para generaciones. Tu obediencia impactará no solo tu vida, sino también la vida de quienes te rodean.

(4) La obediencia nos permite ser amigos de Dios. (Éxodo 33:11, Isaías 41:8, Santiago 2:23)

(5) La obediencia es la fuente de la verdadera alegría. Obtenemos alegría a través de la obediencia al guardar y poner en práctica la Palabra de Dios por fe, confiando en Dios de todo corazón, viviendo con humildad, estudiando y meditando en la Palabra de Dios, apoyando la obra de Dios con nuestros recursos y otros compromisos financieros, viviendo en amor y orando a Dios siempre.

Por favor, lea y estudie los siguientes pasajes bíblicos: (Hebreos 11:6, Salmo 125:1, 1 Pedro 5:5-6, Josué 1:8, Lucas 6:38, 1 Juan 4:16, 1 Tesalonicenses 5:17)

OBSTÁCULOS PARA OBEDECER LA PALABRA

Hay razones por las que podemos oír, pero aun así no obedecer a Dios.

La desobediencia es la causa de la inestabilidad e inseguridad en la vida de las personas. Es imposible superar las tormentas de la vida con éxito si no se practica la palabra. (Mateo 7:24-27)

1. La dilación. (Hebreos 3:15) La dilación es una de las armas de Satanás para limitarnos. Mientras sigas posponiendo la obediencia a la palabra, también pospondrás tus bendiciones. El momento oportuno es crucial en los asuntos del Reino.

   La prontitud es la cura para la dilación. ¿Qué estás posponiendo para mañana?

2. Las excusas. (Proverbios 20:4) Las excusas te excluirán de las promesas y bendiciones de Dios.

3. Ignorancia. (Oseas 4:6, Juan 8:32) No puedes practicar lo que no conoces. Conoce la palabra de Dios y ponla en práctica en tu vida.

4. Temor a los hombres. (Proverbios 29:25, Lucas 6:26) Muchas personas prefieren seguir las opiniones de los hombres en lugar de lo que Dios dice.

   "Pero Pedro y los apóstoles respondieron: «Es necesario obedecer a Dios antes que a los hombres»." (Hechos 5:29)

5. Falta de comprensión. (Mateo 13:19, Lucas 24:45) No es fácil practicar lo que no se entiende.

6. Falta de valentía. (Josué 1:7) No podemos tener éxito si no aprendemos el secreto de cómo obtener valentía de la Palabra.

7. Indecisión. (1 Reyes 18:21) Debes tomar la decisión consciente de practicar la palabra, independientemente de las circunstancias y las opiniones de los hombres.

Capítulo 5

Viviendo Una Vida de Sacrificio

Los logros sobresalientes suelen nacer de grandes sacrificios y nunca son el resultado del egoísmo.

Hay tres cosas que puedes hacer con tu vida: desperdiciarla viviendo egoístamente, arruinarla viviendo pecaminosamente o entregarla viviendo con espíritu de sacrificio.

T.C. Studd dijo: *"Solo una vida, que pronto pasará; solo lo que se hace por Cristo perdurará".*

Podemos sacrificarnos en cuanto a talento, tiempo y recursos.

El sacrificio debe ser una prioridad en lo que respecta a los asuntos del Reino. Dios nos manda ofrecernos como sacrificios vivos. Es la única manera de convertirnos en instrumentos de honra ante Él.

Ser un «sacrificio vivo» significa estar completamente a disposición de Dios. Significa estar dispuesto a obedecer todo lo que Dios pida o mande.

Vivir una vida de sacrificio nos costará, pero los beneficios, tanto en esta vida como en la eternidad, valen la pena.

«No ofreceré al Señor mi Dios holocaustos que no me cuesten nada». (2 Samuel 24:24)

Como quizás sepan por la historia, el rey David había pecado contra Dios. Sus malas decisiones como líder afectaron a quienes dirigía, y miles de personas murieron. Afligido por sus pecados, oró para que Dios lo castigara a él y no al pueblo. Dios, en su misericordia, le ordenó construir un altar y hacer un sacrificio. Encontró a un hombre generoso dispuesto a darle el lugar y el sacrificio. David sabía que solo sería efectivo si le costaba algo.

Fue este sacrificio lo que detuvo la plaga.

El sacrificio siempre tiene ese efecto en nosotros. A medida que ha aumentado el amor propio, las personas han reducido su compromiso con las cosas de Dios y con los demás. Debemos saber que nuestras decisiones, tanto privadas como públicas, afectarán nuestra relación con Dios y con quienes nos rodean.

Es saludable examinarnos a nosotros mismos haciéndonos algunas preguntas:
- ¿Cuál es tu motivación para servir a Dios?
- ¿Es por conveniencia o por convicción?
- ¿Puede Dios realmente confiar en que le servirás, sea conveniente o no?

Algunas personas sirven a Dios solo cuando les resulta conveniente. Para algunas personas, las bendiciones que reciben después de orar se convierten en la razón por la que ya no están disponibles para Dios.

¿POR QUÉ NOS SACRIFICAMOS?

(1) Jesús modeló la vida de sacrificio (Juan 15:13). Nuestras vidas no deberían sernos más preciadas que la vida de Jesús para Él.

(2) El sacrificio produce recompensas eternas (Mateo 5:12). La vida en la tierra no es nuestro hogar. Tus tesoros guían tu corazón.

(3) Satanás no puede quitarte lo que le das a Dios. Cuando le das algo a Dios, sale de tus manos, pero no de tu vida.

(4) El sacrificio ayuda a traer la salvación. Nuestra salvación solo es posible gracias al sacrificio de Jesús. No podemos asegurar la salvación de nadie mediante el sacrificio, pero otros pueden oír hablar de Jesús a través de nuestro sacrificio.

(5) El sacrificio te transforma. El sacrificio en nuestras finanzas y otras áreas fortalece nuestra fe y nuestra mente. Todo cristiano debería estar dispuesto a sacrificar cualquier cosa por Jesucristo.

(6) Obtenemos bendiciones tanto presentes como futuras. **«Lo hemos dejado todo para seguirte»** (Lucas 18:28-30). En el texto anterior, Pedro se centró en lo que habían perdido. La respuesta de Jesús: **«Cien veces más...» «muchas veces más...»** (Marcos 10:30). El enfoque y la respuesta de Jesús se centraron en la GANANCIA.

(7) Obtenemos el reino y la vida eterna. **«No temáis, manada pequeña, porque a vuestro Padre le ha placido daros el reino».** (Lucas 12:32). Debemos estar dispuestos a darlo todo a Dios para GANAR el reino. (Mateo 13:44-46)

El Reino de Dios se puede experimentar tanto en el presente como en el futuro.

LA RECOMPENSA DEL SACRIFICIO:

Leí una historia sobre un paquete urgente enviado de Inglaterra a Sudáfrica hace muchos años. El franqueo se pagaba contra entrega, pero el destinatario se negó a pagar la tarifa. Durante unos catorce años, la caja permaneció sin reclamar y se usó como reposapiés en la oficina de correos. Tras la muerte del destinatario, la caja y otros paquetes no reclamados fueron subastados y vendidos por una suma insignificante. Cuando el comprador la abrió, ¡descubrió varios miles de libras esterlinas en billetes ingleses!

Debido a que el destinatario no quiso sacrificar una pequeña tarifa de entrega, ¡perdió una fortuna!

¿Cuántas veces cometemos nosotros también este error? Dios nos ofrece una bendición, pero la rechazamos porque requiere un sacrificio. Sin embargo, Dios siempre tiene la intención de darnos una bendición mucho mayor que nuestro sacrificio. Este principio se presenta a lo largo de toda la Biblia.

¡La bendición de Dios siempre es mayor que nuestro sacrificio!

Los sacrificios tienen un costo para quien los ofrece.

Un sacrificio aceptable es algo que tiene valor. Un sacrificio no es algo que no nos sirve y que le ofrecemos a Dios. ¡Eso sería como tirar la basura! Dios nos recompensa cuando entregamos lo que es valioso.

Dios demostró el sacrificio supremo de la eternidad cuando entregó a su Hijo unigénito a la muerte en la cruz. ¡Nada podrá superar jamás ese sacrificio!

Ejemplos de personas que se sacrificaron:

1. Abraham. (Génesis 12:1-3, 22:1-3). Dios le pidió que dejara su tierra, su familia, su religión y sus amigos, y él lo hizo. Dios le pidió a Abraham que ofreciera a Isaac en sacrificio. Sin dudarlo, Abraham fue a la montaña, construyó un altar, ató a su hijo y levantó el cuchillo. De repente, un ángel de Dios le ordenó que se detuviera. Dios proveyó un cordero.

2. Moisés. Fue criado entre los lujos del palacio del faraón. Pero cuando llegó a la edad adulta, Moisés renunció a su parentesco con el faraón y eligió sufrir con Israel. La riqueza de Egipto y, eventualmente, el trono podrían haber sido suyos, pero los rechazó. Dios recompensó el sacrificio de Moisés. (Hebreos 11:24-27)

3. David. (1 Crónicas 29:2-5). Un erudito estimó que David contribuyó con más de tres mil millones de dólares a la construcción del templo. ¡Nuestros sacrificios conmueven el corazón de Dios y mueven su mano! (Salmos 126)

El secreto del éxito de la iglesia primitiva radicaba en que los apóstoles y los creyentes entregaron sus vidas por Aquel en quien creían.

"...hombres que han arriesgado sus vidas por el nombre de nuestro

Señor Jesucristo." (Hechos 15:26)

Estos fueron hombres que arriesgaron sus vidas por el nombre de nuestro Señor Jesucristo.

Cosechamos en proporción a lo que sembramos. (Lucas 6:38, 1 Corintios 9:6-8)

Capítulo 6

David Fue Un Hombre de Sacrificio

Dios dio testimonio de David como un hombre conforme a su corazón.

«Pero ahora tu reino no perdurará. El Señor ha buscado para sí un hombre conforme a su propio corazón, y el Señor lo ha designado gobernante sobre su pueblo, porque no has guardado lo que el Señor te mandó.» (1 Samuel 13:14)

Circunstancias que precedieron a esta declaración: (1 Samuel 13:8-13)

Saúl, el primer rey de Israel, comenzó bien. Pero no tardó en crecer su orgullo y en disminuir su confianza en Dios.

Cuando Saúl y su ejército fueron atacados, él tomó el asunto en sus propias manos e hizo la ofrenda él mismo.

1. Había recibido una orden expresa de esperar siete días.
2. Sabía que el destino de su reino dependía de que esperara.
3. Estaba impaciente y no confiaba en Dios debido a la presión a la que estaba sometido. Decidió tomar el asunto en sus propias manos y hacer él mismo el holocausto.
4. En lugar de arrepentirse, puso excusas cuando se le reprochó esta desobediencia.

Esta desobediencia de Saúl fue el comienzo de su caída. Su orgullo, arrogancia y desobediencia siguieron creciendo. Saúl intentaría compensar su falta de obediencia y confianza en Dios haciendo holocaustos, pero Dios conocía su corazón. (1 Samuel 15:22)

Debido a su desobediencia, arrogancia, falta de fe y negativa a confiar en el Señor, Dios rechazó a Saúl como rey, y David fue elegido en su lugar.

¿Qué diferenciaba a David de Saúl?

Dios conocía el corazón de David y lo que era capaz de hacer mucho antes de que David conociera su futuro.

Podemos comprender su corazón observando cómo vivió su vida.

1. La fe y el sacrificio de David. (2 Samuel 24:24)

2. El valor de David: Enfrentarse a un gigante que empuñaba una espada con solo una honda y algunas piedras requirió valentía. Antes de lanzar la piedra que derribaría al gigante, David declaró: **"Que toda esta asamblea sepa que el Señor no salva con espada ni con lanza; porque la batalla es del Señor, y Él los entregará en nuestras manos"** (1 Samuel 17:47). David atribuyó a Dios la victoria sobre Goliat antes de que la piedra impactara al gigante. Esta fe que le permitió vencer al gigante acompañó a David durante toda su vida.

3. La confianza de David: Aunque Saúl representaba una amenaza constante para su vida, David lo respetaba como rey y le perdonó la vida en más de una ocasión. Cuando David tuvo la oportunidad de matar a Saúl en una cueva, decidió no hacerlo. (1 Samuel 24:12-13) David sabía que Dios lo había proclamado como el próximo rey, pero a diferencia de Saúl con la ofrenda quemada, esperaría a que Dios destituyera a Saúl en lugar de tomar el asunto en sus propias manos.

4. El amor de David. (2 Samuel 9:1) En todas sus interacciones con Saúl, David mostró amor ágape hacia el hombre que estaba decidido a ser su enemigo. (Mateo 5:44).

5. La humildad de David. Después de experimentar un éxito notable en la batalla, David permaneció humilde. (1 Samuel 18:23, 2 Samuel 7:18) En este punto, David había tenido un éxito inmenso en todo lo que prendía, sin embargo, nunca se atribuyó el mérito ni se consideró

digno de grandeza.

6. La integridad de David. (1 Samuel 22:9-19) David admitió cuando se equivocó y asumió la responsabilidad de sus errores, lo cual fue una señal de su profunda integridad.

7. El arrepentimiento y el perdón de David. (Salmo 51) Se acostó con Betsabé y luego mandó asesinar a su esposo. David se angustió cuando el profeta Natán le reveló la terrible acción que había cometido. En lugar de poner excusas por su comportamiento, David dijo: **«He pecado contra el Señor».** (2 Samuel 12:2)

8. David Worships God. It is believed that David also wrote Psalms 32 at about the same time as Psalms 51.

Many of David's psalms were full of his heartaches and even questioning of God, but he never stopped serving and worshiping Him.

Siempre es saludable hacernos algunas preguntas:

- ¿Tenemos fe y confiamos en el Señor en todas las circunstancias?
- ¿Tenemos un amor sacrificial por los demás, incluso por nuestros enemigos?
- ¿Somos humildes?
- ¿Actuamos con integridad?
- ¿Buscamos el perdón de Dios por nuestros pecados?
- ¿Adoramos al Señor sin importar las circunstancias?

Estas son las cualidades que nos convierten en personas conforme al corazón de Dios.

La verdadera fe y el sacrificio van de la mano.

«Pero mi justo vivirá por la fe; y si retrocede, no me complaceré en él.» (Hebreos 10:38)

En la Biblia, las personas de fe requirieron un sacrificio inmenso para vivir vidas victoriosas.

Creo que Dios no nos exigirá menos si queremos maximizar nuestro potencial en este camino de fe.

Vivimos en tiempos en que los oídos que anhelan escuchar lo que les agrada son más fáciles de complacer que nunca. Hay tantos predicadores del Evangelio que proclaman que si amas a Jesús, no tienes que renunciar a nada de lo que tienes o haces. Y que puedes tener la mejor vida, incluso si no te rindes completamente a su señorío. Su gracia es suficiente.

La Biblia no reconoce ninguna fe que no conduzca a la obediencia, ni tampoco reconoce ninguna obediencia que no provenga de la fe.

"Ambos son las dos caras de la misma moneda." - A.W. Tozer

[Lea Hebreos 11:17-40]

Vivir por fe nos llama a salir de nuestra zona de confort y entrar en una zona de compromiso donde ocurren sacrificios y milagros.

Abraham-

Abraham llevó una vida de obediencia. (Génesis 12:1-3, 22:9-10)

Actuar con fe no es un camino de perfección, sino de fragilidad y sacrificio.

Abraham actuó con fe cuando Dios lo llamó, pero no siempre lo hizo bien.

¿Acaso no fue Abraham, nuestro padre, justificado por las obras al ofrecer a Isaac, su hijo, en el altar? Como ven, la fe actuó juntamente con sus obras, y por las obras la fe se perfeccionó, y se cumplió la Escritura que dice: «Abraham creyó a Dios, y le fue contado por justicia, y fue llamado amigo de Dios». (Santiago 2:21-24)

Como ven, una persona es justificada por las obras y no solo por la fe. Los versículos anteriores nos revelan que no se puede separar una vida de fe del sacrificio.

Podemos creer todo lo que queramos, pero si nuestra fe en Dios no nos motiva a sacrificar, esa fe es superficial.

Los patriarcas bíblicos como Isaac, Jacob y José enfrentaron grandes desafíos con fe inquebrantable. Confiaron, se sometieron, creyeron y obedecieron a Dios. Sus vidas estuvieron llenas de pruebas, pero sus testimonios superaron esas pruebas porque comprendieron el significado del sacrificio.

Dios realiza grandes cosas en favor de quienes se sacrifican con fidelidad.

Las historias de personas como Daniel, que amansó a los leones en Daniel 6, y de los tres jóvenes hebreos que apagaron el fuego furioso en Daniel 3, son muy inspiradoras.

Los testimonios que trascienden generaciones nacen cuando aprendemos el principio del sacrificio.

Abraham comprendió que todo lo que tenía era gracias a Dios y que todo lo que poseía, incluyendo a su hijo, le pertenecía a Dios.

Lamentablemente, algunas personas solo hablan de fe, pero nunca la llevan a la práctica.

"Entonces les dijo a todos: «Si alguno quiere venir en pos de mí, niéguese a sí mismo, tome su cruz cada día y sígame»" (Lucas 9:23).

Sacrificarse por Cristo siempre es un desafío, ya que nuestras vidas están plagadas de distracciones, deseos, opiniones y pensamientos mundanos que nos dicen que sacrificarse para seguir a Jesús no vale la pena.

"**Por lo tanto, por medio de él ofrezcamos continuamente a Dios un sacrificio de alabanza, es decir, el fruto de labios que confiesan su nombre. No se olviden de hacer el bien y de compartir, porque de tales sacrificios se agrada Dios.**" (Hebreos 13:15-16)

Nos preocupamos demasiado por lo que los demás piensan de nosotros en lugar de dejar que la palabra de Dios nos motive.

El costo fue significativo y sigue siendo grande para quienes viven una vida que impacta para el Reino.

Por fe, debemos seguir difundiendo este mensaje mediante nuestra obediencia y sacrificio.

Este mensaje de esperanza y fe en Jesús vale la pena proclamarlo, y vale la pena sacrificarse por él.

Capítulo 7

¿Qué Tienes En Tus Manos?

Esta pregunta aparece por primera vez en Éxodo 4:2, donde Dios llamó a Moisés y le ordenó que guiara a los hijos de Israel a la Tierra Prometida.

Cuando Moisés temió que los hebreos no le creyeran, Dios le preguntó: «¿Qué tienes en la mano?». Para Moisés, era solo un bastón que usaba para guiar a las ovejas, pero para Dios, era el instrumento con el que se realizarían milagros.

El bastón en las manos de Moisés se convirtió en el bastón de Dios (Éxodo 4:20), y fue usado para realizar las diez plagas, separar las aguas del Mar Rojo, hacer brotar agua de la roca, etc.

En Juan 6:5-12, Jesús quiso alimentar a más de 5000 personas que se habían reunido para escucharlo hablar.

No tenían suficiente dinero para comprar la comida necesaria, pero un niño ofreció cinco panes y dos peces. Para los discípulos, cinco panes y dos peces no eran suficientes para alimentar a 5000 personas, pero para Dios, fue más que suficiente. Jesús bendijo y partió lo poco que tenía en sus manos, y alcanzó para todos, sobrando 12 cestas de comida.

Ejemplos de cómo Dios usa cosas ordinarias en manos de aquellos a quienes llama:

"El Señor le dijo: «Arrójala al suelo». Moisés la arrojó al suelo, y se convirtió en una serpiente, y él huyó de ella." (Éxodo 4:3)

"Después de Ehud, vino Samgar, hijo de Anat, quien mató a seiscientos filisteos con una vara de bueyes. Él también salvó a Israel." (Jueces 3:31)

"Y David metió la mano en su bolsa, sacó una piedra y la lanzó con la

honda, hiriendo al filisteo en la frente. La piedra se le incrustó en la frente, y cayó de bruces al suelo." (1 Samuel 17:49)

"Encontrando una quijada de asno fresca, la tomó y mató a mil hombres con ella." (Jueces 15:15)

Estos versículos nos animan a reconocer y utilizar los recursos y talentos que Dios nos ha dado para el avance de su reino y su gloria.

Esforcémonos por ser hombres y mujeres de carácter, usando los recursos que Dios nos ha dado no para nuestra propia gloria, sino para el progreso de su reino.

Estos pasajes nos recuerdan el poder y el potencial de nuestros recursos si tan solo los usáramos para Su gloria.

Dios obra con lo que tenemos en nuestras manos. A menudo buscamos ayuda fuera de nosotros mismos para hacer algo, y dudamos de la capacidad de Dios para usar lo que ha puesto en nosotros. Dios puede tomar lo poco que tenemos y convertirlo en algo más que suficiente para nosotros.

En 2 Reyes 4:1-7, la viuda de un profeta estaba endeudada y no tenía cómo pagar. Acudió a Eliseo en busca de ayuda. Él le preguntó: **"¿Qué tienes en tu casa?". Ella respondió: "Nada, solo un poco de aceite".**

Para ella, ese aceite no era nada, pero para Dios, era lo que necesitaba para empezar a satisfacer sus necesidades. Eliseo le dio instrucciones, y los pequeños recipientes llenos de aceite se vendieron para cubrir sus deudas.

Hay muchos ejemplos similares en la Biblia en los que Dios usó las habilidades y posesiones de las personas para bendecirlas y aumentar sus bienes.

En cada momento de la vida y el destino de una persona, siempre habrá algo o alguien disponible que Dios puede usar para obrar el milagro necesario.

Lo que serás y harás siempre provendrá de lo que ya tienes.

"Porque por su poder nos ha dado todo lo necesario para la vida y la devoción." (2 Pedro 1:3)

No desprecies lo que tienes ahora; al contrario, reconócelo, agradece por ello, cultívalo con todo tu corazón, proclama la palabra de Dios sobre ello y verás cómo Dios lo usa para bendecirte y multiplicarlo.

"No menospreciéis los pequeños comienzos." (Zacarías 4:10)

Todos tenemos deseos, aspiraciones, sueños, etc., y a veces, estos nos llevan a despreciar lo que tenemos actualmente. Odiamos nuestros trabajos, parejas, casas y ropa; todo lo que nos rodea parece ser lo que no necesitamos.

Oro para que se abran tus ojos y comprendas que Dios usará lo que tienes actualmente para llevarte a donde Él necesita que estés.

Nada sucede por casualidad; no estás en esta situación por casualidad; todo forma parte de un plan y está destinado a obrar para tu bien. Pero esto solo puede suceder si dejas de despreciar y quejarte de lo que tienes y comienzas a ver lo que Dios quiere hacer a través de ello. (2 Corintios 4:7, 1 Corintios 1:27)

¿Cómo transformamos lo que tenemos ahora en lo que necesitamos que sea?

Primero, debemos buscar lo que dice la Palabra de Dios sobre esa cosa o situación y luego asumir la responsabilidad de poner en práctica la Palabra.

RECONOCIENDO NUESTROS RECURSOS:

Un recurso es un bien con valor económico que una persona posee o controla con la expectativa de que le proporcionará un beneficio futuro.

En nuestras vidas, a menudo nos sentimos como Moisés. Nos sentimos incapaces y mal preparados para hacer la obra de Dios.

Observamos nuestras vidas, nuestras habilidades y nuestros recursos y pensamos: "¿Qué puedo hacer con esto?"

Pero así como Dios usó el bastón de Moisés para realizar milagros, Él puede usar lo que tenemos en nuestras manos para hacer cosas extraordinarias. Necesitamos reconocer lo que tenemos y estar dispuestos a usarlo con fe para Su gloria.

El bastón en la mano de Moisés era una herramienta que usaba a diario como pastor. Era algo familiar, algo que sabía usar y parte de su identidad. Y fue este objeto común y corriente el que Dios transformó en un instrumento para Su reino, para realizar milagros extraordinarios.

Dios ha puesto ciertos dones, talentos y recursos en nuestras manos. Estos son nuestros recursos. Pueden parecernos ordinarios, al igual que el bastón le parecía ordinario a Moisés. Pero cuando los reconocemos y los usamos para la gloria de Dios, pueden volverse extraordinarios.

El primer paso para usar tus recursos es reconocer cuáles son. ¿Cuáles son tus dones y talentos?

¿Qué recursos tienes? No se trata solo de cosas materiales. Pueden ser nuestro tiempo, habilidades, conocimientos, relaciones, experiencias, pasiones y capacidades. Estas son cosas que Dios nos ha dado y que podemos usar para Su gloria.

En segundo lugar, debemos estar dispuestos a usarlos. Moisés tuvo que arrojar su bastón al suelo por orden de Dios. Tuvo que soltarlo y entregárselo a Dios. De la misma manera, debemos entregar nuestros bienes a Dios. Debemos estar dispuestos a usarlos para Sus propósitos, no para los nuestros. Esto requerirá que salgamos de nuestra zona de confort, asumamos riesgos y confiemos en Dios. Cuando tomamos riesgos por fe, veremos a Dios hacer cosas extraordinarias a través de nosotros.

En tercer lugar, usar nuestros bienes requiere que dependamos del poder de Dios, no del nuestro.

Cuando Moisés arrojó su bastón al suelo, se convirtió en una serpiente. Cuando lo recogió, volvió a ser un bastón. No fue el poder de Moisés lo que transformó el bastón, sino el de Dios.

Debemos confiar en Él, creer en Su poder y creer que Él puede hacer cosas extraordinarias a través de nosotros.

Finalmente, usar nuestros dones requiere perseverancia. Moisés enfrentó muchos desafíos y obstáculos al guiar a los israelitas fuera de Egipto. Se enfrentó a la oposición del faraón, a las dudas de los israelitas e incluso a sus propios miedos e inseguridades.

Pero perseveró. Siguió usando lo que tenía a su alcance, confiando en el poder de Dios y siguiendo su guía.

A lo largo de las Escrituras, encontramos que los héroes de la fe eran personas comunes con recursos ordinarios que creyeron en Dios, y Él los usó de maneras extraordinarias.

Capítulo 8

¡Empoderamiento!

El empoderamiento es la autoridad o el poder que se le otorga a alguien para hacer algo; también es el proceso de volverse más fuerte y seguro de sí mismo.

Todos nosotros, solos, somos como un guante vacío o un globo sin aire.

Cuando Dios llamó a Moisés para que realizara la tarea, Moisés no se sentía capaz de hacerlo. Inicialmente se centró en sus limitaciones, no en quien lo había llamado.

1. El problema de la inferioridad personal.
   "¿Quién soy yo?" Esta primera excusa es el problema de la inferioridad personal. La cuestión no era quién era Moisés, sino quién era y es Dios. "Yo estaré contigo" fue la respuesta de Dios, y eso es todo lo que necesitas. ¿Estásluchando contra la inferioridad? Encuentra tu identidad en Dios.

2. El problema del mensaje.
   Su segunda excusa fue el problema del mensaje: "¿Qué diré?".
   "YO SOY EL QUE SOY" fue la respuesta. Nuestro Dios es un Dios que cumple sus pactos, y Él cumplirá la palabra que dio a Abraham, Isaac y Jacob a todo aquel que crea.

3. El problema de la recepción.

   A. Excusa: **"No me creerán"**, Éxodo 4:1. En Éxodo 3:18, Dios le dijo a Moisés: **"Prestarán atención a lo que digas"**. La preocupación de Moisés en el versículo 1 era: **"¿Qué pasa si no me creen ni escuchan lo que digo?"**.

   ¿Cuáles son tus dificultades e imposibilidades? Si Dios está entre ellas y tú, todo estará bien. Por fe, esto te traerá victoria y gloria a Dios. Si tus dificultades están entre tú y Dios, te invadirán los ataques de pánico. Esto producirá miedo, derrota, frustración y miseria.

Saber dónde está Dios con respecto a tu dificultad marca una diferencia crucial en tu vida.

B. Respuesta, señales y milagros. Moisés había sido rechazado como líder y libertador por este pueblo (Hechos 7:35-37). Sentía que iba a suceder lo mismo. El Señor le aseguró que le daría tres señales para que el pueblo supiera que Él lo había enviado.

Las señales servían para autenticar al hombre y el mensaje (4:5). Siempre que Dios encomendaba una misión a una persona, las señales del Señor la acompañaban.

La primera de las tres señales:

(1) La vara: **"Arroja tu vara al suelo"** (4:2-5). **"¿Qué tienes en la mano?"** Era un cayado de pastor.

El Señor usaría esta cosa y a esta persona despreciadas para realizar una obra para Él. Moisés debía llevar esta vara consigo a Egipto y ante el faraón.

Esto era similar a lo que sucedió con el Señor Jesucristo: **"Fue despreciado y desechado por los hombres; varón de dolores, experimentado en quebranto...fue despreciado, y no lo estimamos"** (Isaías 53:3).

Fue a este despreciado a quien el Señor usaría para liberar a su pueblo.

Moisés obedeció, y cuando la vara se convirtió en una serpiente que se retorcía, lista para atacar y destruir, Moisés sintió miedo. No le gustaban las serpientes más que a ti o a mí.

"Extiende la mano y agárrala por la cola". Moisés obedeció las palabras del Señor exactamente como Él las había dicho, y la serpiente se convirtió de nuevo en una vara en su mano.

Este bastón ya no era ordinario; el poder milagroso de Dios lo había transformado. Dios toma lo que no es nada a los ojos de los hombres y lo convierte en un instrumento de poder y utilidad.

Lo que tienes en tus manos no necesita ser algo extraordinario. Dios quiere usar esa cosa insignificante y ordinaria que el hombre considera sin valor, si tú crees.

"¿Qué tienes en la mano?" Para David, era una honda y cinco piedras lisas que entregó a Dios, y estas se convirtieron en el medio para bendecir a la nación de Israel y glorificar al Señor, lo cual continúa hasta el día de hoy. (1 Samuel 17:40)

"¿Qué tienes en la mano?" Andrés le dijo al Señor: **"Aquí hay un muchacho que tiene cinco panes de cebada y dos peces, pero ¿qué es esto entre tantos?"** (Juan 6:9)

"¿Qué es esto entre tantos?" Esa no es la cuestión. Lo importante es quién es Él, no lo que tienes.

Algunos podrían decir: "Soy demasiado viejo para servir al Señor". Abraham tenía 75 años cuando el Señor lo llamó, y Moisés tenía 80 años cuando se encontró con la zarza ardiente.

"¿Qué tienes en la mano?" Para Dorcas, eran las buenas obras y actos de caridad que realizaba (Hechos 9:36). Dios recompensó a Dorcas devolviéndole la vida.

Moisés quizás pensó que se necesitaría una espada para liberar a Israel de Egipto, pero Dios usó un objeto insignificante, sin valor y despreciado a los ojos de los hombres.

Bajo la mano de Dios, un hombre común con una vara común se convirtió en poderoso para derribar las fortalezas del enemigo.

En esta generación, Dios quiere que seas esa vara en Sus manos, un canal de Sus milagros para liberar a Su pueblo.

El poder prometido desde lo alto:

Una joven cristiana de Europa del Este estaba de visita, y sus anfitriones le preguntaron qué impresiones se había formado sobre las iglesias que había visitado en Gran Bretaña. Ella dijo: "La iglesia en Inglaterra es como una gran fábrica, ¡pero la energía está desconectada!". La energía está desconectada: ¡qué diferente de la vida de la Iglesia primitiva!

"Yo les enviaré lo que mi Padre ha prometido; pero quédense en la ciudad hasta que hayan sido revestidos de poder desde lo alto" (Lucas 24:49).

Las tres palabras clave son *promesa, esperar* y *poder.*

En el Antiguo Testamento, encontramos la palabra «poder» más de cien veces, refiriéndose a la fuerza de hombres y mujeres. En ese sentido, nuestro poder humano puede provenir del entrenamiento, la experiencia, la sabiduría humana o el trabajo arduo. Dios nos llama a no confiar en nuestro poder humano, sino en el poder de su Espíritu Santo.

«Esta es la palabra del Señor a Zorobabel: "No con ejército ni con fuerza, sino con mi Espíritu", dice el Señor Todopoderoso.» (Zacarías 4:6)

En el Nuevo Testamento, la palabra que traducimos como poder no se refiere a la fuerza de los hombres y las mujeres, sino al poder del Dios Todopoderoso.

Cuando Jesús prometió a sus discípulos **«poder de lo alto»,** este era el tipo de poder del que hablaba. La palabra griega en cuestión es *Dunamis,* y de esa raíz derivan dos palabras importantes en español. La primera es dinamo, que genera energía eléctrica. La segunda es dinamita, el explosivo.

Jesús prometió dar a sus discípulos el poder del Espíritu Santo, dunamis, ¡el dinamo y la dinamita de la vida cristiana!

La fuente de este empoderamiento es un encuentro con Dios. Todo encuentro genuino con Dios transformará el destino de quien lo experimenta, y habrá señales que lo demuestren.

Encontrarse con Dios es mucho más profundo que un sentimiento o una emoción tangible. Experimentar a Dios significa que tu espíritu interior es purificado y reorientado, transformando por completo tu vida. (Efesios 3:19)

Significa que descubres quién fuiste creado para ser y cómo Él siempre te ha visto.

¿Puedes recordar alguna vez en que lo experimentaste y su presencia transformó por completo tu vida?

"Dios es fuego consumidor" (Hebreos 12:29). Sabemos que lo que entra en el fuego no puede salir sin ser transformado.

Estas son algunas de las cosas que sucederán en tu vida al rendirte a la presencia de Dios:

1. Dios te guiará por el camino correcto. **«Levántate y entra en la ciudad, y allí se te dirá lo que debes hacer»** (Hechos 9:6). **Él te mostrará el camino que debes seguir en la vida** (Salmo 143:8, Salmo 32:8). El Espíritu Santo te lleva de la oscuridad a la luz y la salvación plenas.

2. Dios sanará tu corazón (Mateo 11:28). El perdón llega, y el sentimiento de pérdida y tristeza se transforma en paz y plenitud provenientes del Padre.

3. Dios transformará a tu familia y a tus seres queridos. La vida piadosa que vivas impactará a quienes te rodean.

4. Te convertirás en embajador de Cristo. (2 Corintios 5:20, Romanos 10:14-17, Romanos 1:16). Si has experimentado a Dios, tienes lo que todos necesitan, y todos necesitan lo que tú tienes.

5. Recibirás la fuerza y el poder para romper los ciclos de adicción. (1 Juan 3:6-7, 2 Corintios 5:18-21) La presencia de Dios es como un fuego pu rificador. (Malaquías 3:2-3)

6. Tendrás un gran deseo de edificar el Reino de Dios. (Filipenses 4:17-19). Tu corazón se dedicará a alcanzar a los perdidos, incluso si no vas físi camente a esos lugares. (2 Corintios 8:3-5).

7. Anhelarás Su presencia y Su gloria en cada área de tu vida. (Salmo 63:1-8) Pasarás de un encuentro con Dios a una comunión constante con Él. Comunión significa compañía, participación, conexión e intimidad. (Isaías 30:18) Nuestra relación y dependencia de Él influirán en la mane ra en que administramos lo que Dios ha puesto en nuestras manos.

¿Has tenido una experiencia así con Dios, o tu corazón anhela una expe riencia similar?

Cuanto más ocupado estoy, más tentado me siento a apresurarme o inc- luso a reducir mi tiempo de oración. Pero cada vez que hago esto, tengo dificultades en todas las áreas de mi vida.

No todas las experiencias de oración me dejan con la sensación de haber tenido un encuentro profundo
con Dios.

Los encuentros con Dios requerirán paciencia y perseverancia. Un en- cuentro efectivo implicará 1) ubicarse a uno mismo, 2) responder a Dios y 3) experimentar los frutos del encuentro.

Ubicarse a uno mismo: En Génesis 3:9, Dios le preguntó a Adán: **"¿Dónde estás?".** Adán acababa de desobedecer a Dios, y se cubrió las partes íntimas con hojas de higuera y se escondió detrás de los árboles. La respuesta de Adán al pecado fue alejarse de Dios. Dios no esperaba aprender nada nuevo de Adán. Dios le hizo esta pregunta para ayudarlo a ubicarse y a desarrollar el deseo de salir de su escondite.

En cualquier encuentro sincero con Dios, debes identificar dónde te encuentras, qué pensamientos te ocupan la mente y qué emociones estás experimentando. Toma conciencia de tu agotamiento, frustraciones, miedos, alegría y tristeza. ¿Qué pregunta te está haciendo Dios hoy?

Respondiendo a Dios: Adán respondió con sinceridad, diciéndole a Dios que tenía miedo porque estaba desnudo, por lo que se escondió. Estar "desnudo" ante Dios es aterrador.

El profeta Isaías lo experimentó en Isaías 6.

Adán siempre había estado desnudo ante Dios, y a Dios no parecía importarle antes. Fue Adán quien de repente se dio cuenta de su desnudez y se sintió avergonzado por ello.

Dios es misericordioso, pero también imponente. Acercarse a Dios requiere tanto humildad como valentía. Necesitamos humildad para mirarnos a nosotros mismos con honestidad y la valentía para presentarnos, esencialmente desnudos, ante Dios.

La humildad me invita a reconocer mi necesidad del amor y la misericordia de Dios. La valentía requiere vulnerabilidad. Esto significa la renuncia a mi propia voluntad en favor de la voluntad de Dios. Esto implicará cambios, y nos conducirá a la vida eterna con Dios.

¿Existen resistencias, miedos o desafíos que enfrentas al pensar en un encuentro con Dios?

Los frutos de un encuentro con Dios:

Los "frutos" de un encuentro con Dios no siempre son lo que esperamos, y no siempre son agradables o cómodos, pero siempre son para nuestro bien.

El encuentro con Dios invita a la transformación. Dios nos da un corazón nuevo y un espíritu nuevo.

¿Puedes imaginar cuáles podrían ser los frutos de un encuentro con Dios en tu vida?

Hay ciertas cosas en este Reino que no se pueden enseñar ni predicar; simplemente hay que experimentarlas.

"Para conocerle a él, y el poder de su resurrección, y la participación en sus padecimientos, llegando a ser semejante a él en su muerte." (Filipenses 3:10)

Oro para que el Señor infunda en su alma una profunda sed y hambre de conocerlo, no con conocimiento intelectual, sino de forma experiencial.

Como generación, necesitamos un encuentro que nos restaure a nuestro lugar de relevancia: ser la sal y la luz del mundo, porque el estándar ha caído muy bajo (Mateo 5:13).

A Dios le encanta que lo busquen. Él valora muchísimo cada encuentro, y solo cuando percibe un hambre y una sed genuinas, puede revelarse. Dios no es un descubrimiento; es una revelación. (Isaías 55:1)

No debemos conformarnos, relajarnos ni pensar que ya hemos llegado. Salmos 42:3 dice: **"Mis lágrimas han sido mi alimento de día y de noche, mientras me dicen continuamente: '¿Dónde está tu Dios?'".**

Las situaciones, las personas y el entorno que te rodea te preguntan:

"¿Dónde está tu Dios? ¿Es real tu Dios? ¿Está vivo?". Necesitamos a Dios más de lo que pensamos.

El Señor nos invita a un nivel más alto de comunión, oración y relación con Él para que podamos encontrarlo y resolver los problemas de las personas.

"Si me vas a tratar así, por favor, mátame aquí mismo; si he hallado gracia ante tus ojos, no me dejes ver mi miseria" (Números 11:15).

Moisés estaba abrumado y le pidió a Dios que lo llevara consigo hasta que Dios le prometió mostrarle su poder. Este era el mismo Moisés que ya había presenciado una poderosa manifestación del poder de Dios.

A veces, estamos en bancarrota espiritual y vacíos, pero en lugar de aceptarlo, fingimos ser espirituales: creo que esta es la razón por la que la iglesia está en decadencia.

Necesitamos un encuentro completamente nuevo con el Espíritu Santo para ser transformados en lo que Dios quiere que seamos.

Debe haber una nueva comprensión, anhelo y sed de la persona y el ministerio del Espíritu Santo en nuestras vidas individuales antes de que Él pueda usarnos y seamos una bendición. (1 Juan 1:1-3)

Estos hombres llegaron a un punto en el que lo abrazaron, lo sintieron y lo experimentaron, y por eso llegaron a un punto de rendirlo todo a Él y por Él. (2 Pedro 1:16)

Estas no son historias ni fantasías inventadas por el hombre; Pedro le contó a la iglesia lo que había presenciado.

«Dios se revela a cada generación» (Romanos 2:11). Los apóstoles, que antes eran tímidos y se habían escondido cuando Jesús fue crucificado, se transformaron por completo después del día de Pentecostés, cuando experimentaron la presencia del Espíritu Santo. (Hechos 1:4)

Que el Espíritu Santo nos guíe hasta allí. (Hechos 3:19, Apocalipsis 1:6, 2 Corintios 3:17-18)

TRES MANIFESTACIONES PRINCIPALES DEL PODER:

1. Poder para milagros de sanación y liberación.
   ¡El Espíritu Santo es la fuente de poder para cumplir la gran comisión!

   El ministerio de Jesús:

   "Jesús regresó a Galilea en el poder del Espíritu, y la noticia sobre él se extendió." (Lucas 14:14)

   "¿Qué enseñanza es esta? Con autoridad y poder, da órdenes a los espíritus malignos y estos le obedecen." (Lucas 4:36)

   "Y el poder del Señor estaba presente para que él sanara." (Lucas 5:17)

   "La gente lo tocaba porque de él salía poder y los sanaba a todos." (Lucas 8:46)

   Durante su ministerio terrenal, Jesús transmitió ese poder a sus discípulos, primero a los doce y luego a los setenta y dos.

   «Cuando Jesús reunió a los doce, les dio poder y autoridad para expulsar a todos los demonios y para curar enfermedades, y los envió a predicar el reino de Dios y a sanar a los enfermos». (Lucas 9:1, 2)

   Estos milagros de sanación y liberación continuaron en la Iglesia primitiva.

   «Todos estaban llenos de asombro, y los apóstoles realizaban muchos prodigios y señales milagrosas». (Hechos 2:43)

«Pedro y Juan pudieron sanar al hombre cojo que estaba sentado a la puerta hermosa del templo». (Hechos 3)

Los milagros fueron una característica de la iglesia primitiva y una señal distintiva de muchos de aquellos primeros cristianos.

«Esteban, hombre lleno de la gracia y del poder de Dios, hacía grandes prodigios y señales milagrosas entre el pueblo.» (Hechos 6:8)

«Así que Pablo y Bernabé se quedaron allí bastante tiempo, hablando con valentía acerca del Señor, quien confirmaba el mensaje de su gracia, permitiéndoles hacer señales y prodigios.» (Hechos 14:3)

«Dios hacía milagros extraordinarios por medio de Pablo, de tal manera que incluso llevaban a los enfermos pañuelos y delantales que habían tocado a Pablo, y las enfermedades se curaban y los espíritus malignos salían de ellos.» (Hechos 19:11-12)

El poder de lo alto es poder para milagros, sanación y liberación. Todas las Escrituras anteriores deberían animarnos a buscar aquello que autentificó el mensaje de Jesús, de sus discípulos y de la iglesia primitiva.

2. Poder en la proclamación del evangelio.

¡El combustible es indispensable para ir a cualquier parte! El Espíritu Santo es el combustible para el motor de la gran comisión.

«Con gran poder, los apóstoles seguían dando testimonio de la res urrección del Señor Jesús, y mucha gracia reposaba sobre todos ellos.» (Hechos 4:33)

«No me avergüenzo del evangelio, porque es poder de Dios para salvación de todo aquel que cree.» (Romanos 1:16)

«Mi mensaje y mi predicación no fueron con palabras sabias y per

suasivas, sino con demostración del poder del Espíritu.» (1 Corintios 2:4)

"...porque nuestro evangelio no llegó a vosotros solo con palabras, sino también con poder, con el Espíritu Santo y con profunda convicción." (1 Tesalonicenses 1:5)

Nuestra parte como creyentes es simplemente asegurarnos de estar disponibles para Dios, listos para obedecerle, y Él siempre nos propor cionará el poder.

3. Poder para vivir la vida cristiana victoriosa.

La aparición en el Antiguo Testamento de la frase "Poder de lo alto": "La fortaleza será abandonada, la ciudad ruidosa quedará desierta; la ciudadela y la atalaya se convertirán en un desierto para siempre, deleite de los asnos, pastizal para los rebaños, hasta que el Espíritu sea derramado sobre nosotros desde lo alto, y el desierto se con vierta en un campo fértil, y el campo fértil parezca un bosque. La justicia habitará en el desierto, y la rectitud vivirá en el campo fértil. El fruto de la justicia será la paz; el efecto de la justicia será la tran quilidad y la confianza para siempre. Mi pueblo vivirá en moradas pacíficas, en hogares seguros, en lugares de descanso sin perturba ciones." (Isaías 32:14-18)

La obra del "Espíritu de lo alto" en Isaías es la renovación de Israel, la reconstrucción y restauración del pueblo escogido de Dios. Es para traer las bendiciones de la salvación y purificar al pueblo de Dios. El poder de Dios puede hacer mucho más de lo que nuestros esfuerzos humanos pueden lograr. (Efesios 3:20-21)

¿Estás revestido de este poder, o necesitas ser revestido de él?

¿Deseas ser revestido de poder desde lo alto?

Capítulo 9

¡Claves Para Ser Lleno del Espíritu!

I. Dependencia:

La dependencia es un estado de depender de alguien o algo más, o de estar controlado por ello.

La razón por la que Jesús dijo que esperaran, que permanecieran, era para recordarles a los discípulos que la Gran Comisión no era algo que pudieran llevar a cabo con sus propias fuerzas. El Espíritu Santo es el agente de cambio.

«Por tanto, no seáis insensatos, sino comprended cuál es la voluntad del Señor. Y no os embriaguéis con vino, que lleva al desenfreno, sino sed llenos del Espíritu.» (Efesios 5:17)

El Espíritu Santo es fundamental para una vida victoriosa y un testimonio valiente. ¡Debemos depender siempre de Él!

II. Intimidad:

La intimidad generalmente se refiere al nivel de cercanía entre dos personas. Significa proximidad, compañerismo, comunión, amistad, comprensión, compartir, afecto, familiaridad, estar y pertenecer juntos personal, física, emocional, espiritual y mentalmente.

La intimidad y la plenitud del Espíritu son el resultado directo de la oración. Hechos 4:31-33 dice: **«Después de haber orado, el lugar donde estaban reunidos tembló, y todos fueron llenos del Espíritu Santo y comenzaron a hablar la palabra de Dios con valentía. La multitud de los creyentes tenía un solo corazón y una sola alma; ninguno consideraba suyo lo que poseía, sino que lo compartían todo. Con gran poder, los apóstoles daban testimonio de la resurrección del Señor Jesús, y mucha**

gracia estaba sobre todos ellos».

Según el texto anterior, la oración y la intimidad con el Espíritu Santo produjeron que cada uno fuera lleno del Espíritu, que hablaran la palabra de Dios con valentía, unidad entre todos, un espíritu generoso en el pueblo, el poder para compartir y testificar sobre la resurrección, y una gran gracia sobre todos ellos.

Lucas 11:13 dice: **«Si ustedes, que son malos, saben dar buenas dádivas a sus hijos, ¡cuánto más el Padre celestial dará el Espíritu Santo a quienes se lo pidan!».**

El texto anterior muestra que Dios anhela darnos poder para la misión, pero quiere que acudamos a Él y se lo pidamos. Debemos pedirle constantemente a Dios que nos llene del Espíritu Santo.

III. Rendición:

Rendirse significa abandonar, renunciar, ceder y someterse a otra autoridad.

Debemos ponernos a su disposición. No se trata de cuánto del Espíritu Santo tenemos, sino de cuánto del Espíritu Santo nos posee a nosotros.

Efesios 4:30 dice: **«Y no entristezcan al Espíritu Santo de Dios...»** Entristecer al Espíritu significa causarle tristeza o dolor al Espíritu Santo.

Podemos entristecer al Espíritu con nuestras inconsistencias, nuestra conversación corrupta e inútil. (Efesios 4:29-32)

Entristecer al Espíritu Santo tiene que ver con cómo hablamos, cómo tratamos a los demás, si somos amargados o estamos llenos de ira y calumniamos a alguien.

Nuestro Padre celestial quiere lo mejor para nosotros.

Por eso la Escritura dice que Él es celoso de nosotros. (Nahúm 1:2).

Nacer de nuevo no significa que no pecaremos. Cuando pecamos, Él espera que nos acerquemos a Él con un corazón contrito. No debemos entristecer al Espíritu Santo. (Efesios 4:30 NVI)

Es posible entristecer al Espíritu Santo mediante:

1. El lenguaje negativo. (Efesios 4:29)

Las constantes quejas abundaban en los campamentos de los israelitas en el desierto. Nada los satisfacía. Acusaban a Moisés, dudaban de la Palabra de Dios y querían regresar a la tierra de Egipto. (Hebreos 3:7-11)

Esta misma actitud lamentable puede reflejarse en nuestras palabras si no vigilamos lo que decimos.

2. Las emociones descontroladas. (Efesios 4:26, 32)

La amargura está relacionada con el odio. Es una raíz que produce frutos amargos o una maldad extrema. La ira es una indignación que puede surgir gradualmente y luego disminuir. El enojo surge cuando aborrecemos la injusticia.

Este sentimiento puede usarse de forma justa, como en la purificación del templo por Jesús. Pero debemos protegernos de usar la ira de forma vengativa cuando sentimos que hemos sido agraviados personalmente. El clamor es un llanto o lamento profundo de angustia, como la autocompasión. La malicia es la destrucción del carácter de una persona mediante la calumnia o la blasfemia y la falta de respeto a Dios.

3. La mentira. (Efesios 4:25, 1 Corintios 12:26)

La adulación falsa es una forma en que nos mentimos unos a otros. No queremos ofender a nuestros hermanos y hermanas, pero tampoco debemos decir algo que no sentimos. ¿Qué pasa con el chisme? Repetir historias y rumores sobre otra persona puede dañar su reputación y nuestra propia imagen.

4. Caer en el engaño. (Efesios 5:6)

Los alborotadores Coré, Datán y Abiram se rebelaron contra Moisés e intentaron usurpar su autoridad. (Números 16:1-3) En Éxodo 32, el pueblo fue engañado para que construyera un ídolo de oro.

Jesús advirtió sobre los falsos profetas que se presentan con falsas palabras, como lobos con piel de oveja. (Mateo 7:15).

Solo podemos mantenernos en el camino correcto conociendo la v erdad y no prestando atención a nada que contradiga la Biblia.

El Espíritu Santo se entristece cuando creemos algo que no es la verdad. Escuchar falsas doctrinas puede alejarnos de Él y conducirnos a acciones pecaminosas.

5. El robo. (Efesios 4:28)

El tamaño o el valor de un objeto no determina si se trata de un robo. Las personas pueden robar al evadir impuestos o falsificando documentos comerciales. Según el comentario de Adam Clarke, los rabinos justificaban el robo si parte de lo robado se entregaba a los pobres. La naturaleza humana es la misma ahora que en los tiempos bíblicos. Dios lo ve todo y se entristece cuando no reflejamos su carácter.

6. La embriaguez. (Efesios 5:18)
El debate sobre si los cristianos deben beber alcohol probablemente continuará hasta el regreso de Jesús. Pero la Escritura es clara respecto

a la embriaguez. Pablo tuvo que advertir a los corintios sobre la embriaguez porque hacían mal uso de la mesa de la comunión. (2 Corintios 11:21)

No debemos juzgar, pero también se nos dice que no seamos piedra de tropiezo para la fe de otra persona. (Romanos 14:13). Debemos considerar cómo interpretan los demás nuestras acciones y actitudes.

Un estilo de vida que no entristece al Espíritu Santo debe:

- Imitar a Dios. (Efesios 5:1).
- Andar en amor. (Efesios 5:2).
- Ser bondadosos y perdonarse mutuamente. (Efesios 4:32).
- Purificar el lenguaje. (Efesios 5:19).
- Dar gracias. (Efesios 5:20).
- Vivir según el Fruto del Espíritu; perseverar en el Fruto del Espíritu nos mantendrá sensibles a Su voz y nos fortalecerá contra las tentaciones. Si Su fruto predomina, nuestras vidas no causarán angustia a Aquel que vive en nosotros. Alabar al Señor nos permitirá centrarnos en Él en lugar de en lo que exigen nuestros deseos humanos. En lugar de entristecer al Espíritu, podemos alabarlo y darle gracias.

1 Tesalonicenses 5:19 dice: «**No apaguen el Espíritu**». Apagar significa sofocar, como apagar un fuego o una llama.

Al usar la palabra apagar, Pablo imaginó al Espíritu de Dios como fuego (Isaías 4:4; Hechos 2:3; Apocalipsis 4:5).

El fuego simboliza pureza, poder, luz, calor y, si es necesario, destrucción. El fuego del Espíritu no debe apagarse en el altar de nuestros corazones (Levítico 6:12-13).

Diariamente, pídele a Dios que te fortalezca con su Espíritu para ser valiente, más atento y más comprometido con quienes te rodean para proclamar las Buenas Nuevas.

Confiesa cuando lo hayas entristecido a Él y a su obra en tu vida. Pídele que cultive en ti dependencia, intimidad y entrega.

Capítulo 10

Unción/Empoderamiento, Dones y Talentos

"El propósito del aceite es mantener el fuego encendido. Es ese aceite el que potencia la autoridad que te hace eficaz al hablar. Te lleva al siguiente nivel y trae crecimiento. Es la unción del Espíritu Santo la que hace posible todo lo que te parece imposible. Te vuelves imparable."

— Pastor Austyn

«Pero tú has exaltado mi poder como el de un toro salvaje; he sido ungido con aceite fresco.» (Salmo 92:10)

«Unges mi cabeza con aceite; mi copa rebosa.» (Salmo 23:5)

Debemos distinguir entre la unción y los dones y talentos.

"Porque irrevocables son los dones y el llamamiento de Dios." (Romanos 11:29)

La fuente de los dones, los talentos y la unción es Dios. Cuando Dios da un don, puedes ejercerlo, incluso cuando la unción no está presente en tu vida.

Saúl fue rey durante unos 13 años después de que la unción se apartara de él.

Hoy en día, hay personas que siguen desempeñando sus funciones, incluso después de que Dios las haya destituido.

Cuando estás ungido, puedes discernir cuando alguien más no lo está. Es tu obediencia lo que mantiene la unción en tu vida. La unción de Dios te lleva a lugares a los que tu talento no puede llevarte. Las disciplinas espirituales que nacen del amor y no del legalismo son la clave.

Salmo 91:1-2 dice: **"El que habita al abrigo del Altísimo morará bajo la sombra del Omnipotente. Diré yo a Jehová: «Esperanza mía y castillo mío; mi Dios, en quien confiaré»".**

El texto anterior es un llamado a permanecer constantemente en el lugar secreto. Solo así podremos operar continuamente en la unción.

Para vivir empoderados, debemos:

(1) Ora a diario – 1 Tesalonicenses 5:17: **«...orad sin cesar».**

(2) Dedica tiempo a la palabra de Dios - Salmo 119:11: **«En mi corazón he guardado tu palabra, para no pecar contra ti».**

(3) Confía en Dios - Salmo 73:28: **«Pero para mí, lo bueno es acercarme a Dios; He puesto mi confianza en el Señor Dios, para poder proc lamar todas tus obras."**

4) Mantente conectado a tu iglesia local. Hebreos 10:24 dice: **"Y considerémonos unos a otros para estimularnos al amor y a las buenas obras."**

La iglesia es el único lugar del que la gente quiere desconectarse debido a las cosas que otros hacen y dicen que no les gustan. La gente hace cosas que no te gustan en tu trabajo, y sin embargo, sigues yendo a diario.

(5) Permanece cerca de las personas que están cerca de Dios. 2 Corintios 6:14 dice: **"No os unáis en yugo desigual con los incrédulos; porque ¿qué compañerismo tiene la justicia con la iniquidad? ¿Y qué comu nión tiene la luz con las tinieblas?"** En Amós 3:3, la Escritura dice: **"¿Andarán dos juntos, si no estuvieren de acuerdo?"**

Tus relaciones con los demás pueden determinar qué tan cerca o lejos estás de Dios.

La unción es el poder y la presencia de Dios en tu vida. Jesús no podría haber cumplido su misión sin el Espíritu Santo (Lucas 3:22, Lucas 4:14, Hechos 10:38). Antes de comenzar su misión, necesitaba ser empoderado.

Cristo significa literalmente "el Ungido". Cuando la presencia o la aprobación de Dios está en tu vida, no importa quién te desprecie. La unción sigue abriéndote puertas. La unción nos revela cosas. (1 Juan 2:20)

1 Samuel 10:1: «**Entonces Samuel tomó un frasco de aceite, lo derramó sobre su cabeza, lo besó y le dijo: "¿No te ha ungido el Señor para que seas príncipe sobre su pueblo Israel? Reinarás sobre el pueblo del Señor y los salvarás de la mano de sus enemigos circundantes. Y esta será la señal para ti de que el Señor te ha ungido para que seas príncipe sobre su heredad".**»

Saúl fue ungido y se convirtió en el primer rey de Israel. A partir de entonces, Saúl se transformó y se convirtió en un hombre de grandes hazañas.

El impacto de la unción en la vida de Saúl:

(1) La unción le permitió encontrar sus asnos perdidos. (1 Samuel 10:2)
(2) La unción atrajo recursos y personas que lo ayudaron a cumplir su destino. (1 Samuel 10:2)
(3) La unción lo empoderó y lo impulsó a actuar.
(4) La unción lo hizo progresar y lo impulsó hacia adelante. (1 Samuel 10:3)
(5) La unción lo transformó en un hombre nuevo. (1 Samuel 10:7)
(6) La unción lo elevó de la condición de hombre común a la realeza.
(7) La unción lo convirtió en comandante y líder. (1 Samuel 10:1)
(8) La unción lo convirtió en un adorador de Dios.
(9) La unción hizo que la gente favoreciera su causa.
(10) La unción lo conectó con personas que alababan a Dios. (1 Samuel 10:5)
(11) La unción le permitió profetizar.
(12) La unción nos permite hablar la voluntad de Dios con un propósito. (1 Samuel 10:6-7)

Todo lo que la unción hizo por Saúl está disponible para cualquiera que ponga su fe en Dios.

Desafortunadamente, con el tiempo Saúl se volvió rebelde, y Dios le retiró Su unción. **«Porque la rebelión es como el pecado de hechicería, y la obstinación es como iniquidad e idolatría. Por cuanto has rechazado la palabra del Señor, Él también te ha rechazado para que no seas rey»** (1 Samuel 15:23).

El texto anterior muestra que Saúl se descalificó a sí mismo para el trono. Fue rechazado como rey debido a su falta de arrepentimiento cada vez que pecaba contra Dios.

«Pero el Espíritu del Señor se apartó de Saúl, y un espíritu maligno de parte del Señor lo atormentaba» (1 Samuel 16:14).

Según las Escrituras, vemos que Dios retiró su protección de Saúl porque este había rechazado los preceptos de Dios. Saúl aún conservaba su posición como rey, pero ya no contaba con la protección de Dios, como había sido en el pasado.

Ahora Saúl está angustiado porque tenía el título, pero no la unción. La misma unción que obra a través de ti para ayudar a otros puede convertirse en la fuente de tu perdición si no mantienes un corazón humilde.

No debemos comprometer la unción:

Varias personas han comprometido la unción divina por beneficio inmediato, tanto en la historia bíblica como en la actualidad.

Hoy me reuní con una de las voces proféticas de nuestros días, quien me contó una historia lamentable. Uno de sus mentores acaba de ser descubierto por abusar sexualmente de varios menores.

Desafortunadamente, se dice que esto ha estado ocurriendo desde hace algún tiempo.

«Y Jacob preparó un guiso, y Esaú llegó del campo, y estaba cansado. Y Esaú le dijo a Jacob: "Por favor, dame de comer de ese guiso rojo, porque estoy muy cansado". Por eso se le llamó Edom. Pero Jacob le dijo: "Véndeme hoy mismo tu primogenitura"». (Génesis 25:29-31)

Somos más vulnerables a los ataques cuando tenemos hambre, estamos enojados, solos y cansados.

Jacob le dijo a Esaú: *«Si quieres algo ahora mismo, dame tu primogenitura»*. Esaú prefirió la gratificación inmediata, lo que afectó a toda su descendencia.

Adán y Eva renunciaron al jardín por un fruto. Sansón tenía la unción, pero se recostó en el regazo de la mujer equivocada y sufrió una terrible consecuencia. Es esencial tener autocontrol y mantener una actitud de obediencia (1 Samuel 15:22).

La obediencia es vital para recibir y mantener la unción (Éxodo 19:5).

Capítulo 11

Los Beneficios de La Unción

"Ahora bien, el que nos confirma a nosotros con vosotros en Cristo y nos ha ungido es Dios." (2 Corintios 1:21)

1. Es la fuente de tu fundamento. (Salmo 89:21).

2. Es la fuente de tu liberación: (Salmo 89:22-23)

3. Es tu fuente de protección y preservación. (Job 1:10, Daniel 3:20-26, Juan 11:39-44). La unción protegerá y preservará todo lo relacionado contigo. (Salmo 105:14-15).

4. Es la fuente de tu fuerza. (Jueces 14:6,19, 15:14). (Salmo 144:1; 18:1; 28:8; 20:6, 18:50; Filipenses 4:14; Éxodo 13:21-22; 14:24-25; Jueces 1:24; Colosenses 2:6-7).

5. La unción rompe el yugo. (Isaías 10:27).

6. La unción agudizará tu discernimiento.

7. La unción te capacitará para vencer en cada batalla. "Alcanzará tu mano a todos tus enemigos; Tu diestra alcanzará a los que te aborrecen." (Salmo 21:8)

8. La unción te protegerá. (Salmo 20:6)

9. Sanación: Él restaurará tu salud. Y te convertirás en un instrumento de Su poder sanador.

10. Revelación: (Éxodo 25:6)

11. Provisión: (1 Reyes 17:14)

12. Vida libre de deudas: (2 Reyes 4:1-7)

13. Liberación: (Salmo 23:1-5)

14. Fe: En Isaías 21:5, se le ordenó al centinela ungir el escudo.

15. Bendiciones: (Salmo 133:3)

16. Guía en el camino de la vida. (Juan 16:13)

17. Fortaleza para vivir con rectitud. (Gálatas 3:13; 5:25, 1 Juan 2:16)

18. Enseñanza: (Juan 15:26, Juan 14:26).

19. Eficacia en tu vida de oración. (Romanos 8:26-28)

20. Consuelo extraordinario: El Espíritu Santo es llamado el «Consolador (Consejero, Ayudador, Intercesor, Abogado, Fortalecedor y Apoyo)».

21. Capacitación para ejercer ciertos dones.

OBSTÁCULOS PARA EXPERIMENTAR EL PODER

Varias barreras nos impiden experimentar el poder de Dios a través del Espíritu Santo.

La mayoría de estas barreras se agrupan en cuatro categorías: el pecado, la confianza en uno mismo, el conocimiento intelectual de la Palabra de Dios que no se traduce en un conocimiento del corazón, y la falta de sumisión a la voluntad de Dios.

"Y no pudo hacer allí ningún milagro, salvo que puso las manos sobre unos pocos enfermos y los sanó. Y se maravilló de la incredulidad de ellos." (Marcos 6:5-6).

Según este texto, parece que en la ciudad natal de Jesús había una atmósfera de incredulidad que limitaba el poder de Dios.

La incredulidad se manifiesta de diversas maneras y nos impide experimentar la plenitud del poder del Espíritu Santo.

1. La incredulidad disfrazada de "equilibrio".
Algunos temen que buscar el poder del Espíritu Santo los lleve a perder el equilibrio. Estar equilibrado significa caminar en el poder del Espíritu según las pautas de las Escrituras y permanecer firmemente arraigado en la Palabra.

2. Un miedo malsano al engaño.
(Mateo 7:15-23). Siguiendo esta lógica, Moisés se habría negado a realizar las señales que Dios le ordenó porque los hechiceros egipcios hacían lo mismo. (Éxodo 7:8-12)
La existencia de imitaciones no debe hacernos huir de lo auténtico. El verdadero poder de Dios siempre prevalecerá sobre lo falso.

3. Oponer el poder al carácter.
En ninguna parte de la Biblia se dice que debamos elegir entre el carácter y el poder. **«Seguid el amor, y procurad los dones espirituales»** (1 Corintios 14:1). Tanto el carácter como el poder son esenciales.

4. Teología que niega los dones sobrenaturales.
La teología cesacionista afirma que los dones del Espíritu Santo, tales las lenguas, las sanaciones, los milagros y la profecía han cesado y ya no forman parte de la experiencia cristiana ni de la vida de la iglesia. Algunos son muy escépticos ante cualquier cosa sobrenatural o atribuyen todo lo sobrenatural a Satanás. Es hora de dejar de poner excusas para nuestra incredulidad. Ya no podemos aceptar un cristianismo sin poder como algo normal. ¡Busquemos un nuevo derramamiento del Espíritu de Dios y la manifestación de su poder sin obstáculos!

5. El pecado deliberado
En Génesis 2 y 3, la decisión de Adán y Eva de hacer las cosas a su

manera introdujo el pecado en sus vidas y en las nuestras.

Debido a Adán y Eva, todos tenemos una naturaleza pecaminosa, y esta nos afecta en todos los aspectos. **"Ciertamente no hay en la tierra perso na justa que haga el bien y nunca peque."** (Eclesiastés 7:20)

No podemos esperar experimentar el poder de Dios cuando pecamos deliberadamente, porque el pecado deliberado siempre interrumpe la obra del Espíritu Santo.

Es a través de la confesión de nuestros pecados que le decimos a Dios que deseamos restaurar nuestra relación con Él, y es entonces cuando el Espíritu Santo nos capacitará para hacer la obra de Dios bajo su unción. (1 Juan 1:9).

6. *Confianza en uno mismo:* Tenemos un deseo innato de pensar primero en nosotros mismos. **"Porque el que me halla, halla la vida y alcanza el favor del Señor."** (Proverbios 8:35)

Para hallar el favor de Dios y experimentar Su poder en la vida, debemos morir a la autosuficiencia, la autoconfianza y la independencia a lo largo del camino de la vida. Solo cuando morimos a nosotros mismos, Dios podrá multiplicar todo lo que somos y todo lo que tenemos. (Juan 12:24-25)

7. *Conocimiento intelectual de la Palabra de Dios que no se traduce en conocimiento del corazón.*

Debemos estudiar la Palabra de Dios para que Su poder opere en nuestras vidas.

Nuestro conocimiento debe pasar de la mente al corazón en forma de convicción que impacte nuestra fe y comportamiento. De lo con trario, nuestras vidas serán sin duda estériles e improductivas.

8. *Negarse a someterse a la voluntad de Dios*

Negarse a someterse a la voluntad de Dios es lo que a menudo se denomina ser un cristiano «carnal», alguien que todavía está muy influenciado por el mundo y sus tentaciones.

1 Corintios 3:1 dice: **«Así que yo, hermanos, no pude hablarles como a personas espirituales, sino como a personas carnales, como a niños en Cristo».**

Un cristiano carnal ha aceptado las Buenas Nuevas de Jesucristo, pero no quiere ser transformado por ellas.

9. *Un espíritu legalista*

Satanás siempre querrá que realicemos nuestras tareas con nuestras propias fuerzas. Esto es como poner vino nuevo en odres viejos, y solo conducirá a ciclos de frustración.

En la teología cristiana, el «legalismo» se refiere a la idea de que una persona obtiene o merece la salvación mediante las buenas obras o la obediencia a la ley.

«¡Oh gálatas insensatos! ¿Quién los ha hechizado? Ante sus propios ojos Jesucristo fue claramente presentado como crucificado. Solo quiero saber una cosa de ustedes: ¿Recibieron el Espíritu por las obras de la ley, o por creer lo que oyeron?» (Gálatas 3:1-2)

Según las Escrituras mencionadas, vemos la posibilidad de centrarnos en nuestras obras para la salvación en lugar de la obra consumada de Jesús.

Muchas personas son esclavas de una religión basada en el desempeño.

Los signos más comunes de un espíritu legalista son:

A. Falta de verdadera alegría. El legalismo mata la alegría. Cuando alguien experimenta la misericordia de Dios, su corazón siempre rebosa de alabanza y gratitud. (Romanos 14:17).

B. No hay verdadera victoria sobre el pecado. Todos los cristianos se enfrentan a las tentaciones. Pero una persona con una mentalidad legalista encuentra difícil recibir la gracia de Dios para superar los hábitos pecaminosos.

C. Una orientación malsana hacia el desempeño. Muchas personas sienten que deben ganarse el amor de Dios leyendo la Biblia, orando, dando limosna y realizando otras tareas religiosas.

D. Una actitud crítica y poco amorosa hacia los demás. Las personas que no entienden la gracia de Dios no pueden mostrar gracia a los demás. Algunos cristianos todavía sienten odio hacia los no creyentes e incluso hacia otros creyentes. Cuando escuchas a cristianos usando un lenguaje duro para condenar a otros, acabas de identificar un espíritu legalista.

E. Obsesión con las normas externas de vestimenta o comportamiento. Algunos cristianos han condenado el maquillaje, las joyas, los pantalones y el cabello corto en las mujeres. Otros enseñaron que estaba mal que los cristianos practicaran deportes, jugaran a las cartas, bailaran, usaran anillos de boda, fueran al cine, usaran jeans en la iglesia o incluso tuvieran un televisor. Dios enfatiza la santidad interior en lugar de la conformidad externa. Cuando vives en la gracia, el Espíritu te guiará a vestirte y comportarte de una manera que lo honre.

F. Esclavitud a la tradición religiosa. Un espíritu legalista dice: *«Así es como siempre lo hemos hecho»*. Algunas personas rechazaron un nuevo movimiento del Espíritu Santo porque no les gustaba un nuevo estilo de música.

G. Una actitud sectaria hacia otros cristianos. Algunas iglesias enseñan que solo ellos irán al cielo.

H. Poca o ninguna seguridad de salvación. Un encuentro genuino con Jesús te hará saber que Dios te ha adoptado y que nunca te abandonará. (Romanos 8:15). Un encuentro genuino con Dios conducirá a un proceso de transformación que durará toda la vida. (Romanos 12:1-3)

I. Compañía poco espiritual. La compañía de personas carnales, no regeneradas y de cristianos nominales sin gracia será un obstáculo. (1 Corintios 15:33, Hebreos 3:13).

J. Hablar sin cuidado. Tu corazón puede verse afectado por hablar en voz alta, con violencia, con prisa y en exceso, incluso sobre cosas buenas. (Proverbios 14:23; Santiago 3:5-6; Proverbios 17:27; Mateo 15:8)

K. Indulgencia excesiva. El exceso en la comida, la bebida y otras recreaciones puede ser la puerta de entrada a muchos males. (Lucas 21:34; Proverbios 25:27 y 23:20-21).

L. Descuido en las devociones. Omitir los deberes personales o realizarlos con negligencia. Esto incluye deberes como la oración, el autoexamen, la meditación y la lectura (Mateo 26:41; Proverbios 23:21).

M. Descuidar la oración silenciosa espontánea. Descuidar la oración silenciosa espontánea al conversar con otros (Mateo 26:41).

N. Pensamientos vanos (Jeremías 4:14).

O. No guardar el corazón (Mateo 26:41). ¡Es posible perder en público lo que se ganó en privado!

P. Desánimo e incredulidad. Estos surgirán de los sentimientos de lo que me falta, los pecados y las pruebas. Esto debilitará tus fuerzas

(1 Samuel 12:20; Lamentaciones 1:9; Jeremías 2:28; Hebreos 12:12-13). Fue cuando Pedro comenzó a tener miedo que empezó a hundirse.

Q. Estar demasiado absorto en las cosas terrenales. Esto te distraerá y te impedirá por completo servir a Dios (Lucas 10:4 y 21:34).

R. Orgullo. El orgullo y la vanidad, la jactancia, buscar la alabanza de los hombres y buscar la propia exaltación descuidando los deberes. (Romanos 9:31-32).

S. Pereza. La pereza, dormir demasiado y desperdiciar el tiempo, llevará a la ruina a cualquiera.

Capítulo 12

Ingredientes/Principios Para Conservar Tu Unción

«Pero tú me darás la fuerza de un toro salvaje; seré ungido con aceite fresco.» (Salmo 92:10)

Según Éxodo 30:22-25, el aceite sagrado de la unción estaba compuesto por cinco ingredientes: MIRRA, CANELA, CÁLAMO, CASIA Y UN HIN DE ACEITE DE OLIVA.

Este aceite de la unción se utilizaba para ungir a reyes y sacerdotes, y para consagrar aquellas cosas destinadas a ser sumamente santas. Estos cinco ingredientes pueden considerarse algunos de los principios para vivir una vida eficaz y ungida: una vida que Dios puede utilizar para cumplir Su voluntad y Sus propósitos.

(1) El primer ingrediente de una vida ungida es la mansedumbre y la sumisión a la voluntad de Dios.

El primer ingrediente era una especia llamada **mirra**.

La **mirra** es una fragancia que se obtiene del tronco de un árbol de Commiphora en Arabia. Se produce en forma de lágrimas. Se le añade alcohol para eliminar las impurezas, y luego se somete la resina al vapor. A medida que el vapor atraviesa la resina, esta se derrite y se convierte en aceite, que luego se transforma en perfume.

La mansedumbre no es una debilidad. Es someter todo lo que tienes en obediencia a Dios; cuando haces eso, la unción atrae a tu vida.

Números 12:3 dice que Moisés fue el hombre más manso que jamás haya existido. A Moisés le tomó 40 años alcanzar este nivel de mansedumbre. Dejó de lado su propia voluntad y dijo sí a Dios a pesar de sí mismo.

(2) El segundo ingrediente de una vida ungida es la rectitud, o la forma en que uno se comporta. El segundo ingrediente del aceite de la unción era la **canela**.

La **canela** proviene de un árbol que crece entre 9 y 12 metros de altura, crece notablemente recto y no tiene curvas. Se extrae el aceite de las hojas y los frutos de este árbol de tronco recto. Se utilizaba aceite de canela para hacer velas aromáticas para el rey.

La integridad es importante. Ser recto significa defender lo que es correcto, basarse en la verdad, vivir de forma intachable y no juzgar a quienes nos rodean.

Hoy en día, cuando hablamos de personas que actúan mal, las llamamos "deshonestas".

(3) El tercer ingrediente de una vida ungida es la humildad. La receta para la santa unción de Dios incluía **cálamo**, una caña que crece en los pantanos.

La cabeza de la caña está llena de aceite. Se sabe que está lista para usarse cuando la cabeza de la caña se inclina, casi a la mitad. Esto simboliza inclinarse con humildad.

Jesús demostró este nivel de humildad. Cuando le preguntaron: **"¿Quién será el más grande en tu reino?", respondió que es aquel que está dispuesto a servir a los demás.**

En un acto supremo de humildad, las manos que crearon el universo lavaron los pies de los discípulos. Este fue su ejemplo de cómo ser grande.

(4) El cuarto ingrediente para una vida ungida es la purificación.

Malaquías 3:2 dice: **«Él [el Señor] es como fuego purificador y como jabón de lavandero».**

El cuarto ingrediente del aceite de la unción se llamaba casia. La casia produce una hoja llamada sen que, aún hoy, se usa para la limpieza interna.

El Espíritu Santo viene a limpiarnos, como fuego purificador que quema la escoria, aumentando el calor hasta que solo queda la sustancia más pura. Y como el jabón de lavandero, el exterior se limpia una vez que el interior ha sido purificado.

Todo debe ser llevado a la cruz, depositado en el altar, y debes decir: «**Examíname, oh Dios, y conoce mi corazón; pruébame y conoce mis pensamientos; y ve si hay en mí camino de perversidad, y guíame en el camino eterno**» (Salmo 139:23-24).

¿Estás permitiendo que entren en tu vida cosas que obstaculizan la unción?

(5) El quinto ingrediente para una vida ungida es el Espíritu Santo, la presencia de Dios en tu vida.

Un hin, o recipiente de aceite de oliva, era el ingrediente final necesario para preparar el ungüento sagrado. El aceite de oliva simboliza al Espíritu Santo.

En la antigüedad, el aceite de oliva se usaba para cocinar, para brindar descanso y consuelo aplicándolo en los pies después de un largo viaje, para curar heridas y para ungir a reyes, sacerdotes y profetas. Hoy, el Espíritu Santo, que vino a nosotros después de que Cristo ascendiera al cielo, nos brinda consuelo, poder y sanación, y nos llena de tal manera que nunca más tendremos hambre ni sed.

No hay nada peor que el aceite viejo y rancio; atrae moscas, y Satanás es Belcebú, el Señor de las Moscas.

Luchar las batallas de hoy dependiendo del aceite de ayer es inútil. Lo mejor sería tener la presencia diaria del Espíritu Santo en tu vida. Necesitas una relación continua a través de la adoración, la oración y la Palabra. No puedes mantener una vida ungida con una relación rancia y olvidada con Dios. Necesitas una unción fresca. (Salmo 92:10)

Las cosas materiales no pueden sustituir la obra renovadora de Dios en tu vida. Debes permanecer sensible a la guía del Espíritu Santo. No debemos actuar con espíritu de orgullo.

El orgullo te llevará a excusar o culpar a otros por tus errores, pero la humildad te hará admitir tus faltas. (Salmo 51:11)

Las personas ungidas son humildes, al igual que Jesús.

Sería útil que no permitieras que el miedo influyera en tus decisiones. (1 Samuel 15:24)

Debemos hacer lo que Dios quiere y no preocuparnos por lo que la gente piense de nosotros.

Cuando camines bajo la unción, ten la seguridad de que Dios te protege, incluso cuando la gente te rechace.

Las promesas de Dios para los ungidos:
(Memoriza y medita en las Escrituras a diario).

«Ahora sé que el Señor salva a su ungido; lo responderá desde su santo cielo con la fuerza salvadora de su diestra.» (Salmo 20:6)

«No toquéis a mis ungidos, ni hagáis daño a mis profetas.» (1 Crónicas 16:22)

«Amas la justicia y aborreces la maldad; por eso Dios, tu Dios, te ha ungido con óleo de alegría más que a tus compañeros.» (Salmo 45:7)

«Dios salvará a su ungido porque te guarda como a la niña de sus ojos y ha escrito tu nombre en las palmas de sus manos.» (Salmo 17:8)

Capítulo 13

La Buena Administración Determina Tu Valor
¡Aquí y En La Eternidad!
(¿La medida de una vida?)

La valía de un hombre no se mide por lo que posee, sino por lo que da para la gloria de Dios.

La forma en que administramos lo que tenemos, incluyendo nuestras vidas, se llama mayordomía.

En el mundo antiguo, la mayordomía no era un término religioso, sino un componente clave del comercio. Casi todas las empresas contaban con un mayordomo que actuaba como un director de operaciones de la antigüedad, gestionando los asuntos diarios del amo de la casa.

Un mayordomo era alguien a quien se le confiaba la administración de los asuntos de otra persona.

En la Biblia, todo liderazgo es mayordomía.

Esto puede ser liderar un país, una empresa, un comité de la iglesia, una organización comunitaria, una familia o incluso a uno mismo. La exhortación de Pablo a Timoteo sobre la selección de líderes para la iglesia primitiva se aplica a los líderes en todos estos ámbitos. (1 Timoteo 3:1-7)

Peter Block define la mayordomía como la disposición a rendir cuentas por el bienestar de la organización en general, actuando al servicio, en lugar de ejercer control, sobre quienes nos rodean.

El dinero es solo una pequeña parte de nuestra mayordomía.

La mayordomía se trata de cómo vivimos nuestras vidas.

La mayordomía es la administración de nuestra vida para Dios. ¿Cómo medimos el éxito de nuestra mayordomía?

¿Es nuestra vida un reflejo de una buena mayordomía? ¿Cómo establecemos valores piadosos y nos aseguramos de ser buenos mayordomos?

Construyendo un sistema de valores piadosos:

«Por la fe, Moisés, cuando ya era adulto, rehusó ser llamado hijo de la hija del faraón. Prefirió ser maltratado junto con el pueblo de Dios antes que disfrutar de los placeres pasajeros del pecado. Consideró que el oprobio por causa de Cristo era de mayor valor que los tesoros de Egipto, porque tenía puesta la mirada en la recompensa. Por la fe salió de Egipto, sin temer la ira del rey; perseveró porque veía al Invisible. Por la fe celebró la Pascua y la aspersión de la sangre, para que el destructor de los primogénitos no tocara a los primogénitos de Israel.» (Hebreos 11:24-28)

De los versículos anteriores, podemos aprender de la vida de Moisés:

1. La relación con Dios es un tesoro mucho mayor que este mundo y esta vida.
2. A Dios se le debe temer por encima de los reyes terrenales.
3. La obediencia a las instrucciones de Dios es, en última instancia, para Su gloria y nuestro bien.

   - La fe reordenará nuestro sistema de valores (Versículo 27). Toda la vida debe basarse en la confianza en Dios y en Su Palabra.

   - Los valores deben basarse en la fe (Versículos 25-26). La voluntad y el propósito de Dios deben tener mayor valor que las cosas de esta vida.

   - Las decisiones deben basarse en los valores (Versículos 24-25).
Si hubiéramos estado allí, quizás habríamos intentado disuadir a Moisés, pero él tomó las decisiones correctas. La eternidad se regocija por su vida.

Nosotros también.

Llegó un momento en que Moisés comenzó a ver la vida de manera diferente. Consideró la vergüenza o el oprobio de Cristo como una **riqueza mayor** que todos los **tesoros de Egipto.**

En todo esto, Moisés **"tenía puesta la mirada en la recompensa".** Y la recompensa es precisamente lo que recibió.

Primero, participó en la obra de Dios en la tierra. Segundo, recibió un legado increíble; se convirtió en instrumento de Dios. Tercero, alcanzó la vida eterna con Dios. Cuarto, entabló una amistad con Dios. Quinto, superó la opresión de Egipto mediante el poder de Dios.

Cómo medir el éxito de nuestra mayordomía

A. La estima de los demás no mide el éxito. (Lucas 12:1-2)

La palabra «hipócrita» proviene del teatro griego. Significa «usar una máscara», representar un papel, ser falso. Se refiere a ocultar los verdaderos motivos y el carácter detrás de una máscara de sinceridad.

El hipócrita religioso representa un papel para convencer a los demás de que es algo más de lo que realmente es.

Es devoción fingida. Es engaño premeditado.

La necedad de la hipocresía radica en que la máscara tarde o temprano caerá. Podemos lograr engañar a los demás, pero nunca engañaremos a Dios.

Ya sea a través de las circunstancias de la vida o ante Su tribunal de justicia, Dios revelará la verdadera naturaleza del hipócrita. Lo que los demás piensen de ti no es importante, sino lo que Dios sabe que eres.

B. Nuestras posesiones no miden el éxito. (Lucas 12:14-21)

La codicia es un anhelo por algo que creemos que hará la vida más satisfactoria. Es cuando el corazón busca desesperadamente algo que Dios nos ha negado por el momento.

La codicia surge de la creencia de que tener más hace la vida más satisfactoria y a la persona más valiosa. Las posesiones son solo temporales, pero tu alma es eterna.

El éxito no se mide por lo que tienes ahora, sino por lo que perdura para la eternidad.

C. Las cosas que necesitamos son diferentes de la medida de nuestro éxito. (Lucas 12:22-30)

La preocupación es la angustia mental causada por la incertidumbre. La ansiedad surge de la falta de fe en las promesas de Dios y de la dependencia de la provisión de Dios. La seguridad no se encuentra en las cosas materiales de la vida, sino en la Fuente de la vida.

D. El éxito de una vida se mide por su relación con la eternidad. (Lucas 12:31-40)

La prioridad de un hipócrita son las apariencias.

La prioridad de la persona codiciosa son las posesiones.

La prioridad de la persona ansiosa es la seguridad.

La prioridad de un mayordomo fiel es la eternidad.

Jesús dijo: «¿De qué le sirve al hombre ganar el mundo entero, si pierde su alma?»

Mateo 25 nos recuerda que nuestro dinero, salud, tiempo y habilidades no están relacionados con nuestra vida espiritual. La forma en que vemos nuestros recursos sí está relacionada con nuestra vida espiritual.

Este capítulo nos llama a una fe y confianza más profundas en Jesucristo. Dios no siempre recompensa la fe con bendiciones materiales, y estamos llamados a vivir por fe, no por vista. Bíblicamente, sabemos que la pobreza, las bendiciones o la mala salud no siempre están ligadas a la justicia de una persona.

Jesús vivió una vida perfecta y sin pecado, y la entregó voluntariamente en lugar de los pecadores, como sacrificio sustitutorio. Él soportó nuestra ira y nos otorgó gratuitamente su justicia.

Murió, y tres días después, resucitó de entre los muertos por el poder de Dios. Y a quienes confían en Él, les da vida eterna y la presencia del Espíritu Santo.

Nuestras finanzas, talentos, tiempo y salud son áreas en las que tenemos la oportunidad de glorificar a Dios, quien nos salvó.

Colosenses 3:17 dice: «**Y todo lo que hagan, de palabra o de obra, háganlo todo en el nombre del Señor Jesús, dando gracias a Dios Padre por medio de él**».

La pregunta es siempre cómo podemos hacer «**todo en el nombre del Señor Jesús**».

Según la parábola de los talentos, Dios, el amo, posee todo y no le debe nada a nadie.

Job 41:11 dice: "**¿Quién me ha dado algo primero para que yo se lo pague? Todo lo que hay bajo el cielo es mío**".

El secreto para administrar los dones de Dios no es huir de ellos, sino comprender por qué nos los ha dado.

• **Dios da a las personas sus riquezas.**

1 Corintios 4:7: **"¿Quién te hace diferente de los demás? ¿Qué tienes que no hayas recibido? Y si lo recibiste, ¿por qué te jactas como si no lo hubieras recibido?".**

El famoso Rey David de Israel reconoció la verdad de este versículo. Para ayudar a construir el templo, los israelitas dieron sus posesiones. Pero la oración de David en respuesta fue: **"Oh Señor, Dios nuestro, toda esta abundancia que hemos provisto para construirte una casa para tu santo nombre proviene de tu mano y es toda tuya"** (1 Crónicas 29:16).

Lo más esencial en la vida es cómo administramos lo que Dios nos ha dado.

(1) No somos dueños de lo que tenemos.
Imagina a alguien que entra en un supermercado. Mientras camina por los pasillos, toma productos de las estanterías y se los lleva debajo del brazo. Cuando sale sin pagar, le preguntan: "¿Qué está haciendo con esos artículos, señor?". Él responde: "Estos productos son míos. Los recogí y los llevo debajo del brazo". Si fueras el dueño de la tienda, ¿cuál sería tu respuesta?

No es de extrañar que Dios hable de personas que le roban. (Malaquías 3:9-10)

Lo que poseemos no es realmente nuestro. Viniste al mundo sin nada y te irás sin nada.

(2) Solo somos administradores de lo que se nos ha dado.
La mayordomía transforma nuestra perspectiva sobre nuestras cuentas bancarias, vehículos, hogares y demás posesiones de cuatro maneras principales:
A. No deben usarse únicamente para nuestro propio beneficio, sino para el de Dios.

B. Tendremos que rendir cuentas por el uso que hagamos de las riquezas que Dios nos ha confiado. (Romanos 14:12)

C. Debemos justificar cómo usamos todas nuestras riquezas, no solo lo que damos a la iglesia y a los demás, sino también lo que gastamos en nosotros mismos.

D. Enriquecerse no es un fin en sí mismo.

¿Eres un mal mayordomo o un buen mayordomo?

- **La mala administración es evidencia de falta de fe.**

En la parábola de los talentos en Mateo 25, el siervo infiel es llamado perezoso y malvado. No perdió el talento, pero tampoco lo multiplicó. Descuidó su responsabilidad y no consideró a su amo digno. La consecuencia de esto fue ser arrojado a las tinieblas, al infierno.

- **Dios se toma muy en serio la administración de los bienes.**

Los siervos fieles no sabían cuándo regresaría el amo, pero confiaban en que lo haría, así que salieron, trabajaron arduamente y multiplicaron lo que se les había dado. El siervo infiel decidió ir a lo seguro y no arriesgarse. Pensó que el amo no regresaría como había prometido o que la fidelidad no sería recompensada a su regreso. El siervo infiel decidió enterrar el talento y dedicar su tiempo a otra cosa.

Malversar lo que Dios nos ha confiado es lo mismo que robarle a Dios. Esto lo encontramos en el libro de Malaquías.

Los buenos siervos confiaron en la palabra y la bondad del amo. El siervo infiel no tenía fe ni en la palabra ni en la bondad del amo.
Si vives únicamente para ti mismo y para acumular riquezas, sin deseo de servir a Dios, es muy probable que no tengas fe en Dios.

Esta parábola también trata sobre la diferencia entre el cielo y el infierno. ¿Tienes fe? ¿Cuál será tu destino?

- **Glorificamos a Dios cuando elegimos ser mayordomos fieles.**

Los dos primeros siervos fueron llamados buenos y fieles porque fueron inmediatamente obedientes y productivos, asumieron riesgos, tuvieron la paciencia de esperar hasta que el Amo regresara y, finalmente, obtuvieron ganancias. Dios no solo nos dijo qué hacer con los recursos que tenemos, sino que, en su amor, nos mostró cómo hacerlo.

El amor a Dios debe ser nuestra principal motivación para ser buenos administradores. El amor a Dios caracteriza a quienes Cristo ha perdonado.

Ese amor a Dios incluirá el deseo de usar nuestros recursos para agradarle.

1 Pedro 4:10 dice: «**Cada uno, según el don que ha recibido, úselo para servir a los demás, como buenos administradores de la multiforme gracia de Dios**».

El segundo motivo para ser un administrador fiel es el regreso de Cristo.

En la parábola, el Amo regresó para ajustar cuentas.

2 Corintios 5:10 dice: «**Porque todos debemos comparecer ante el tribunal de Cristo, para que cada uno reciba lo que le corresponde por lo que haya hecho en el cuerpo, sea bueno o malo**».

Lo que hacemos en la tierra tiene implicaciones para ganar o perder recompensas en el cielo. Debemos esperar que cada día sea el día del regreso de Cristo, lo cual debe reflejarse en nuestras decisiones. ¿Serás hallado fiel y estás listo para rendir cuentas de lo que has hecho con lo que Él te ha confiado?

Una buena mayordomía nos liberará de sentirnos abrumados por las difíciles circunstancias de la vida y de la culpa, permitiéndonos disfrutar de lo que Dios nos ha dado.

La decisión de vivir una vida de generosidad glorificará a Dios. No se trata de cantidades ni de apariencias, sino de si tu corazón está completamente entregado a Jesús en primer lugar.

Para ser un buen administrador, debes:
   a. Reconocer que Dios es el dueño de todo. (Deuteronomio 8:18)
   b. Reconocer los dones de Dios. (1 Pedro 4:10)
   c. Ser comprensivo y comprometido. (Proverbios 16:3;1 Tesalonicenses 2:4)
   d. Ser digno de confianza. (Proverbios 12:22, Tito 1:7)
   e. Ser diligente. (1 Corintios 15:38; Proverbios 13:4)
   f. Ser una persona de oración. (Santiago 1:5, Filipenses 4:6)
   g. Ser proactivo. (1 Pedro 1:13)

Capítulo 14

Las Claves de Una Administración Exitosa

Practicar una buena administración es una forma de vida. Debemos creer que Dios es la fuente de todo **"don bueno y perfecto"** y que somos responsables ante Él por todo lo que nos da.

La administración es la gestión fiel, cuidadosa y responsable de todo y de todos los que Dios confía a nuestro cuidado.

Cultivar la administración no comienza con nuestra relación con Dios, sino que se extiende a los demás. Una administración exitosa es el desarrollo integral y basado en principios de nuestra vida en Cristo, nuestras familias, la Iglesia y nuestros prójimos.

El Mensajero. Nadie puede ser un mensajero eficaz sin tener una relación personal con quien envía el mensaje. Moisés tuvo un encuentro con Dios antes de recibir el mensaje que debía proclamar a su generación.

El Mensaje. Una mayordomía exitosa comienza con un mensaje claro y convincente de arrepentimiento. (Mateo 3:2) Este es el cambio de mentalidad y de estilo de vida necesario para entrar en el Reino de Dios.

El primer mensaje de Jesús al comienzo de su ministerio público debe ser nuestro mensaje central.

La Misión. Jesús les dijo a sus discípulos: «**Vayan y hagan discípulos de todas las naciones, bautizándolos en el nombre del Padre y del Hijo y del Espíritu Santo**». (Mateo 28:19)

Su "Gran Comisión" es nuestra gran misión compartida.

Los creyentes comprometidos no son espectadores pasivos, sino que actúan.

El Ministerio. La palabra griega para ministerio es servicio. Todo excelente servicio al cliente conduce a mayores ventas. Si bien la Iglesia no es una empresa, el Señor mismo es el ejemplo supremo de servicio excepcional (Mateo 20:28).

Esto incluye programas educativos, atención pastoral, oración, comunión, hospitalidad, misiones, etc.

El Significado. Los discípulos **"lo dejaron todo"** (Lucas 5:11), sus medios de vida, sus hogares, sus familias, etc., para seguirlo.

Habían encontrado lo que daba sentido a sus vidas. De igual manera, nosotros estamos llamados a tomar nuestra cruz cada día y seguirlo.

El dinero. Dios nos manda ser fructíferos, lo cual se aplica a nuestras finanzas. Debemos ser diligentes y aplicar la sabiduría divina para obtener múltiples fuentes de ingresos.

Al igual que otras disciplinas como la oración, el ayuno y la lectura de la Palabra, administrar bien el dinero es esencial para cultivar el crecimiento espiritual. El primer mandamiento de Jesús es amar a Dios con todo el corazón, el alma, las fuerzas y la mente. Amar a Dios con todas las fuerzas y la mente incluye dar generosamente nuestro tiempo, talentos y recursos.

"Las primicias de los primeros frutos de tu tierra las traerás a la casa del Señor tu Dios" (Éxodo 23:19).

El diezmo se refiere al mandamiento de Dios de dar el primer 10% de nuestros ingresos para el avance de Sus propósitos en la tierra.

El grado en que Dios espera que los fieles se adhieran a este principio queda claro cuando acusa a quienes no lo hacen de robarle.

"¿Robará el hombre a Dios? Pues vosotros me habéis robado. Y decís: '¿En qué te hemos robado?' En los diezmos y las ofrendas. Traed todos

los diezmos al alfolí, para que haya alimento en mi casa; y probadme ahora en esto, dice Jehová de los ejércitos, si no os abriré las ventanas de los cielos y derramaré sobre vosotros bendición hasta que sobreabunde." (Malaquías 3:8-10)

Algunos señalan que el diezmo se enfatiza más en el Antiguo Testamento que en el Nuevo Testamento. Si bien esto es técnicamente correcto, deben tener en cuenta que los principios de dar las primicias y el diezmo no disminuyen con la venida de Jesucristo.

Son ampliados y enriquecidos por su vida y sus enseñanzas. Los discípulos de Jesús **"lo dejaron todo y lo siguieron"** (Lucas 5:11).

Jesús le dijo al hombre que buscaba la vida eterna: **"Si quieres ser perfecto, ve, vende lo que posees y dáselo a los pobres, y tendrás tesoro en el cielo; y ven, sígueme"** (Mateo 19:21).

El método más esencial para cultivar una mayordomía exitosa es el compromiso total.

Los milagros. Un milagro vale más que 1000 sermones elocuentes sin poder. El ministerio de Jesús se manifestó tanto en palabras como en obras. Llamó a los discípulos y les dio el poder de sanar y expulsar demonios, y ellos lo hicieron.

La iglesia primitiva experimentó milagros extraordinarios, y no hay manera de que hubiéramos sido influyentes en el Reino sin milagros.

Un estilo de vida que tiene a Dios y a Su Reino como máxima prioridad y que aplica con amor las 7 M, será una vida de impacto.

El desarrollo exitoso comienza con el desarrollo de algo o de alguien...

¿A quién o a qué está desarrollando su organización y por qué?

¿Qué tan bien lo está haciendo? ¿Es una buena y confiable administradora de sus recursos actuales?

¿Cuál es la justificación clara y convincente de su organización para solicitar apoyo?

Cuando tengas claros todos estos aspectos, trabaja en desarrollar buenas relaciones con tus donantes y colaboradores antes de pedirles dinero... Si haces todo esto bien, te sorprenderá gratamente (A) lo natural que resulta pedir donaciones y (B) la generosidad con la que la gente responderá.

"Cada facultad que posees, tu capacidad de pensar o de mover tus extremidades en cada momento, te la ha dado Dios. Si dedicaras cada instante de tu vida exclusivamente a su servicio, no podrías darle nada que, en cierto sentido, no fuera ya suyo." – C. S. Lewis

¿Cómo se manifiesta la mayordomía en nuestras vidas hoy?

Creo que la mayordomía es donde convergen los conceptos de VIDA, FE, TRABAJO y ECONOMÍA.

Las personas fieles son mayordomos activos, y esto requiere esfuerzo.

El fundamento de la mayordomía es la fidelidad y la confiabilidad.

"Ahora bien, se requiere de los que han recibido un encargo que demuestren ser fieles." (1 Corintios 4:2)

La mayordomía es "una responsabilidad dada por Dios con rendición de cuentas".

Los siguientes son principios fundamentales de la mayordomía que debemos comprender y practicar:
1. Pertenencia. (Salmo 24:1, 1 Corintios 6:20)

"Ustedes pertenecen a Dios, y Él es dueño de todo." (Santiago 1:17)

"Todo proviene de ti, y solo te hemos dado lo que procede de tu mano." (1 Crónicas 29:14)

"Todo lo que hay bajo el cielo me pertenece." (Job 41:11b)

La mayordomía es el compromiso de uno mismo y de sus posesiones al servicio de Dios.

"Recuerda al Señor tu Dios, porque él es quien te da la capacidad de producir riqueza." (Deuteronomio 8:17-18)

2. Responsabilidad: Dios, en su gracia, nos ha confiado el cuidado, el desarrollo y el disfrute de todo lo que le pertenece. Como sus mayordomos, somos responsables de administrar bien sus bienes, de acuerdo con sus deseos y propósitos.

3. Rendición de cuentas: Al igual que los siervos en la Parábola de los Talentos en Mateo 25, se nos pedirá que rindamos cuentas de cómo hemos administrado todo lo que se nos ha dado. Esto incluye tiempo, dinero, habilidades, información, sabiduría, relaciones y autoridad.

4. Puedes disminuir o aumentar lo que Dios te ha dado. (Mateo 25:16-18) Evalúa tu ritmo de crecimiento basándote en lo que se te ha dado a ti, no en lo que se le ha dado a otra persona.

   Esta parábola nos lleva a la autoevaluación, pero no podemos compararnos con otra persona y decidir qué tan bien lo estamos haciendo. (2 Corintios 10:12)

5. Vive con un sentido de urgencia.
   Observa la palabra inmediatamente. (16-17)
   "Los buenos siervos sintieron la responsabilidad de su tarea y se pusieron a trabajar sin demora".

6. Dios puede pedirte cuentas en cualquier momento; podría ser hoy mismo. (Mateo 25:19-30)

   A. Recompensará a los fieles: Aquí se dan tres recompensas: aprobación llena de elogios, mayor responsabilidad y gozo eterno.

   B. Juzgará a los infieles: El tercer siervo puso excusas por su falta de servicio, y es llamado malvado (inútil) y perezoso. Triple juicio: No recibe elogios, no recibe más trabajo ni responsabilidad, y no experimenta gozo en la presencia del amo.
      • *Malvado significa activamente malo; es una palabra usada por Satanás.*
      • *Perezoso se refiere al tipo de persona que nunca hace nada, pero logra crear problemas.*

   Una buena administración de las cosas pequeñas conduce a mayores privilegios y responsabilidades. Una mala administración lleva a perder lo que se tiene.

   C. Estén preparados; podría suceder hoy mismo. (Mateo 25:19) Los siervos no tenían ni idea de cuándo regresaría su amo. Al igual que en la parábola de las diez vírgenes, Jesús nos llama a todos a estar preparados. (Mateo 24:42, 44, 25:13)

   ¿Estás preparado para su venida? Recuerda que su venida también será un día de rendición de cuentas, recompensa o castigo.

7. Recompensa. (Colosenses 3:23-24): Los mayordomos fieles que hacen la voluntad del amo, con los recursos del amo, pueden esperar ser recompensados en esta vida, pero plenamente en la siguiente. (Mateo 25:21)

La mayordomía conecta todo lo que hacemos con lo que Dios está haciendo en el mundo.

8. Humildad y confianza. (Proverbios 3:5-6)

Abordemos la mayordomía con un corazón humilde, reconociendo nuestra dependencia de Dios.
- La humildad se extiende a las relaciones con los demás. (Filipenses 2:3)
- La humildad nos desafía a priorizar las necesidades de los demás, promoviendo la unidad y la cooperación en nuestra vida personal y comunitaria.

9. Diligencia. (1 Pedro 4:10, 2 Timoteo 2:15): **«Las manos perezosas empobrecen, pero las manos diligentes enriquecen».** (Prov. 4:10)

Los mayordomos reconocen que la diligencia es una forma de honrar a Dios y contribuir al bienestar de los demás.

10. Multiplicación. (Génesis 1:28a, Gálatas 6:7-9)

Las cosas saludables suelen crecer y reproducirse. El crecimiento que observamos a menudo se basa en nuestra disposición a dedicar nuestro tiempo, dones espirituales y otros recursos.

11. Planificación. (Proverbios 21:5, Jeremías 29:11)

La planificación estratégica es un aspecto crucial de la mayordomía responsable.

Necesitamos establecer metas, tomar decisiones informadas y considerar las consecuencias a largo plazo de nuestras acciones.

12. Sacrificio. (Marcos 8:34, Efesios 5:25): La Biblia está llena de historias, ilustraciones y parábolas sobre renunciar a algo valioso por un propósito superior.

13. Generosidad. (2 Corintios 9:6-7): La mayordomía es una cuestión del corazón que nos pide compartir los recursos que Dios nos ha

dado con los demás, como el tiempo, la energía, el dinero y el amor.

Una buena mayordomía requiere fe, compromiso con la excelencia y trabajo arduo.

Los buenos mayordomos no solo están listos, sino que esperan con anhelo el regreso de su Señor.

Si el Señor te advirtiera que vendrá por ti en los próximos cinco minutos, ¿podrías decir que estás listo? Si no, puedes prepararte pidiéndole que perdone tus pecados.

Sobre El Autor

El pastor Fred Kasule es el fundador de la Fundación Go International Uganda, además de ser el supervisor de las iglesias Cornerstone Christian Fellowship en Uganda. Es licenciado en Economía y Estadística por la Universidad de Makerere y también se graduó del Instituto Bíblico Internacional de Londres.

Maestro de la Biblia, autor y predicador, el pastor Fred realiza regularmente campañas y conferencias en Uganda y en el extranjero.

Está casado con Robina y tienen tres hijas: Phillipa, Christine y Tracy Dianne.

El pastor Fred es autor de libros que transforman vidas, entre ellos: *Your Dream-A great challenge, Your Dream-The Power to Become, Grace for the Race, You are God's Battle Axe y Built to Last.*

Para más información, puede contactarnos en:
+256(0)758 187 771   (WhatsApp) +256(0)772 502 853

Correo electrónico: fredkasule@mail.com

Sitio web: www.gifuganda.org